U0002956

# 那些大海教我們的事

54天，1200公里，8位女孩的獨木舟冒險之旅

出版統籌／朱芩（都市人基金會）

作者／王梅

推薦序

　　幾個月前，我從台東經由海岸公路、蘇花公路返回台北；當恆溫空調的座車沿著浪濤洶湧的東海岸平滑駛過，我想到了由「都市人基金會」所輔導、照顧的向日葵女孩，去年夏天她們一樣經過了這片海洋，只是她們是頂著烈日、乘著狂風巨浪，用雙手划動獨木舟完成了她們環島的夢想。

　　家，原本應該是充滿愛、歡樂和笑聲的地方，但對這群向日葵女孩而言，家卻曾經是傷她們最深的角落。所幸她們遇到了都市人基金會的志工們，藉由冒險治療，幫助少女們走出傷痛。歷經 54 天、1200 公里的海上長征，她們成為台灣第一個完成獨木舟環島的女子團體。在返航淡水的記者會上，看著她們又哭又笑地訴說自己在旅程中的改變，我內心非常感動。在人生的起點上，這群少女走得比一般人都辛苦，但是她們選擇不放棄自己，把傷痛轉變成力量，她們的勇氣讓我們知道：只要願意，你可以比自己想像的更堅強！

很高興看到向日葵少女的故事能被記錄下來。接下來，她們會從「接受者」轉變成「付出者」。今年暑假她們給自己新的挑戰，去幫助屏東、台東、蘭嶼、綠島等偏鄉的孩子們，教導他們用獨木舟環自己家鄉的島。懷抱夢想並不是一時腦袋發熱，過一陣子就停下來，而是要堅持去執行，直到夢想到手。孩子們第二年的行動，證明了她們對夢想的執著。

「人生需要的不是逃避的藉口，而是面對的入口。」這些女孩教會我們的，是人生的槳掌握在自己的手裡；向日葵女孩划的不只是獨木舟，而是永不放棄的堅持和勇氣。

安麗希望工場慈善基金會榮譽董事長　劉明雄

## 出版序

**興起，發光！**

「興起，發光！因為你的光已經來到！耶和華的榮耀發現照耀你。」——以賽亞書第 60 章

2013 年紀錄我們青少年輔導的電影《縱行囝仔》上映時，城邦出版集團布克文化的總編邀請我們洽談出書計畫，總編說，原本他覺得我們不過是一群極小眾的市場，後來他的朋友，一位基督徒姊妹居然告訴他：「敢帶不曾爬過山的國中生去完成南湖大山挑戰，這真是跌破專家眼鏡的不可能任務！」總編聽完覺得很有意思，立即找我們談後續發展。

去年帶領只划過幾次船的向日葵少女們完成 54 天，1200 公里的獨木舟環島，更是無中生有的冒險任務！這段經歷完成得相當奇妙且很震撼我的心！回顧這一切的不可能變成可能其實源起一位有夢想、敢冒險的創辦牧師，用信心培養出我們這一群很另類、有影響力的助人工作者，進而帶出有生命潛力、向不可能任務挑戰的青少年信心文化！

　　我深深反思，覺得電影賣不賣座、書籍暢不暢銷、後續捐款多不多，一點也不重要，我認為上帝真正在乎的是：一個信心的聲音，帶出一種捨己的生活模範，喚醒一群堅持到底的助人鬥士，啟動全面的青少年自覺運動！我的大家庭實踐共生陪伴，為有需要的少男少女敞開大門，已經悄悄走過了18個年頭，其中我看見許多寶貴的年輕生命，有些向下沈淪，有些停滯徘徊，有些向上提升，有些卻能翻轉成功。

　　謝謝上帝18年來安排家庭破碎、被棄絕在體制外的生命在我身旁，這群令人頭痛惋惜，曾經受創、失依、迷失的弱勢青少年，如今已經變成「我能、我會、我願意」的小勇士，從黑暗的谷底爬上來的過來人，將成為最佳的信心教練！「連受傷的人都可以再次站起來，平常人更沒有藉口做不到。」曾經不想面對的傷痛，今日變成幫助他人的最佳利器。願這股生命力大大發聲吶喊，啟動這世代的青少年、父母、師長感動的心，找到一條屬於青少年獨特的愛、冒險、堅持之路！

都市人基金會副執行長　朱芩

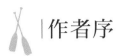 作者序

## 我也得到了療癒

這是一個關於生命如何從敗部翻轉的故事。生命要得到祝福，才會有能量；就如同花草樹木，要施以養分及灌溉，才能長得大又好看。

不過，許多生命卻沒有這樣的好運氣，在成長的過程遭受無情的摧殘，還來不及開枝發芽就已枯萎凋謝，成為被丟棄的殘枝敗葉。但也有少數生命力強韌的特例，能夠掙脫出困境，繼續開花結果。

認識王克威、朱芩有七、八年，當時我為服務的媒體採訪報導一篇關於冒險教育的專題，瞭解「都市人基金會」的運作向來都是專找一些吃力不討好的差事，譬如「二十八天的戶外冒險共生營」就極具挑戰性，而他們長期投入的青少年安置計畫，也相當耗費人力、心力和時間，但他們持續多年運作，而且愈做愈有聲勢規模，我常心裡納悶，他們後面的行動力和支撐力究竟從何而來？

二〇一五年三月初，接到副執行長朱芩告知，希望我能接下這本書的寫作任務，心情其實是相當沈重的，因為我並未實際參與向日葵少女獨木舟環台之旅，但多少也聽聞了這

個計畫，直覺認為又是一個不可能的任務，結果這群人憑著
毅力與上帝的神蹟順利走完了全程。

　　距離獨木舟環台已事隔一年，我萬萬沒想到，我竟然成
為這本書的主要執筆者。該如何下筆呢？從幾位都市人基金
會工作人員詳細記錄的文字，我可以清楚掌握在航行過程所
遭遇的種種困難，以及如何靠著團隊運作一一化解。然而，
距離正式排定出版日期只剩下不到四個月，我估計還需要添
加不少內容及寫作材料，在時間極為壓縮的情況下，壓力可
想而知。但又轉念一想，比起女孩們在酷暑的夏季，在大海
中划行獨木舟五十四天，我面臨的挑戰則是小巫見大巫。

隨著採訪寫作進度的推展，我逐一進入女孩們的世界與
划行的故事，每位女孩的背後都有一段支離破碎的人生，小
小年紀承受著許多不為人知的折磨與痛苦。有天晚上，我和
策劃獨木舟環台的營長惠雯結束訪談，在回程的路上，惠雯
的一句話在我的腦中迴盪：「每一個得到翻轉的生命，後面
幾乎都有一個人無怨無悔的付出。」

都市人基金會這批社工員與輔導姊姊，雖然和女孩們非親非故，但她們付出的愛心、耐心與關心，遠遠超過女孩們的原生家庭或親生父母。而且，這些被安置的女孩大都出現明顯的行為偏差、自尊心低落、情緒障礙等問題，三不五時發生狀況，但姊姊們不替女孩貼標籤，也不怒罵指責，總是一遍又一遍地包容接納。

在夏日的蟬叫聲，我一邊坐在電腦桌前和文字搏鬥，一邊回溯自己的成長過程，以及身為人母之後與小兒子之間緊張的親子關係，深感自己的怠惰疏職。我是單親媽媽，小兒子在青少年階段因為父親長期缺席，缺少學習與陪伴的榜樣，而我為了負擔家計，終日埋首於工作，難免對他疏於照顧，小兒子陸續出現一些狀況，打架、抽菸、蹺課、說謊……，學校從一家換到另一家。有一段時間，我經常在學校的訓導處、警察局、法院之間來回奔波，幾乎心力交瘁。

每個人的成長或多或少都帶著傷痕。往者已逝，來者可追，過去的傷痛必須得到化解，才能長出新的力量。小時候，我重重摔倒過，身體上留下抹不去的印記；如今，我雖是個受過傷的母親，但也不該把自己受創的經驗繼續加諸在下一代身上。雖然在我的筆下寫的是向日葵女孩的故事，但從字裡行間，我竟然也逐漸得到療癒和復原。

我不是基督徒，某天下午，我似乎得到一個上帝給我的啟示，也或許是惠雯的那句話讓我省思，生命要得到翻轉，必須要有人付出。我回到家將行李打包整裝，搭上從台北開往花蓮的火車，然後就在台灣東海岸這個小城住了下來，我決定陪伴小兒子繼續完成他的學業，不管他再遇到何種生命的撞擊，我要站在他的旁邊而不是躲在遠處。

　　所有的生命都應該得到祝福。不管是向日葵女孩、身為作者的我、以及正在讀這本書的你，在人生這條路上互相結伴，其實我們並不孤單，因為你、我都在左右。

王梅　2015年6月 寫於花蓮

# 目錄

# 和我們一起來場冒險之旅吧!

## 向日葵少女海上冒險之旅精華篇

chapter 1

# 家園女孩的願望

三月下旬，進入乍暖還寒季節的淡水，春雨綿綿，空氣濕黏，甚至帶著發霉的氣味，益發讓人想念夏天的陽光，以及帶著鹹味的海風。

經過夏天的激情，混雜著汗水與淚水的吶喊，二〇一四年「向日葵少女獨木舟環島行動」結束後，一切回到正常的運作軌道，參與環島的工作人員卻隱隱然有一種失落感，整個夏天培養出來的革命感情，突然「喀擦」一聲切斷了，一切真的都結束了。

「都市人基金會」共生家園內，從獨木舟環台之後發生了一些改變。八名參與划船的女孩陸續離開了五位：奶油、小靜、小雁、奶茶、譓嫻，有的結案返家，有的轉介到別的安置機構，家園裡只剩下小瑞、小佳、巧克力，以及剛被轉介來安置的婷婷。

女孩們的話題三不五時仍圍繞著獨木舟環台，因為那次的經驗實在太特別，一輩子難忘，她們有時在「臉書」和其他的女孩、工作人員連線，聊聊彼此的近況。新來的婷婷常聽她們描述在划行過程中遇到的趣事與驚險，譬如被浪打翻

掉入海裡，如何嚇得手腳發軟、尖叫大哭，以及最後如何堅持到底、靠著毅力完成五十四天的挑戰；更重要的是，幾乎每個人都發生了改變，「這是我做過最堅持的一件事。」女孩們不約而同說道，臉上充滿愉悅的自信。婷婷聽得津津有味，很遺憾自己來不及參與。

不管是小瑞、小佳、巧克力，還是剛來不久的婷婷，她們就像一般豆蔻年華的青春少女，正是享受愛玩、愛幻想與愛作夢的年紀。誰也無法想像，她們在住進共生家園之前，都是傷痕累累，人生經過重重跌撞，有的遭到父母遺棄，有的被長期家暴，有的甚至被最親近的家人性侵⋯⋯，都是費盡一番周折才被各縣市社會局轉介而來。

都市人基金會的共生家園是一個提供長期安置的社會福

利機構，女孩在這裡由一群社工與輔導員陪伴，並且共同生活，重新學習與人群社會相處，建立自信與自尊，找回自我價值與面對未來的勇氣。

有段時間，女孩們幾乎都詛咒過那些曾經傷害自己的人，「想把他們殺了」、「希望他在外面被車子撞死」、「吃東西中毒」……，但女孩現在的怨恨已減少，她們開始想到的是未來。

晚餐桌上，小瑞首先打破沈默，「很奇怪，自從划完獨木舟之後，我就戒菸了，我也不知道為什麼？」她大方對著來訪的客人滔滔敘述，「我以前很壞，抽菸、吃檳榔、蹺家、逃學……，但是那個壞女孩現在不見了！」

　　小瑞主動提起，有一陣子她常跟家園內的一名女孩衝突，本來她們兩人很麻吉，小瑞還跟著她一起逃跑過，但後來兩人交惡，這個女孩屢次威脅她，「要找我媽媽混黑道的男朋友來 K 妳。」弄得小瑞很害怕，不久那名女孩又逃跑，從此就再也沒有她的消息。

　　小瑞現在不會想逃跑，一方面擔心留下不良記錄，以後被迫要一直待在安置機構，不能回家；況且，她發現外面的生活並不如她想像的舒適，在家園裡雖然有輔導姊姊們管東、管西，但她瞭解是出於關心她，而且還能讓她玩電腦。

　　同桌的女孩妳一言、我一語，跟著小瑞瞎起鬨，看得出來她們感情很好。那天，小瑞的話很多，幾乎是欲罷不能，同桌的輔導姊姊們很驚訝，小瑞一向話少，發言很少超過三句，因為表達能力差，總是結結巴巴，辭不達意，只要上台講話就全身發抖，一緊張就開不了口。看來，獨木舟環台不僅讓小瑞戒了菸，似乎也啟發了她的溝通能力，真正開了竅。

　　小瑞變得真的很不一樣，以前她的人緣很差，動不動就擺「臭臉」，只要事情不如她的意，立刻就垮著一張臉不理人，

但她又沒辦法很有條理的說清楚到底怎麼回事，無論別人再跟她說什麼都不回應，就只顧著躲在一旁生悶氣，彷彿全天下的人都虧欠她。後來，只要她一擺臭臉，大家也懶得理她。

獨木舟環台的時候，小瑞居然跟另一名女孩吵了起來，那名女孩的嘴巴平常像機關槍一樣罵個不停，小瑞也不甘示弱據理力爭，姊姊們簡直難以置信，一向害怕開口的小瑞終於學會挺身為自己辯護，而不再是擺臭臉博取同情。環台結束後舉行的生命分享會，小瑞上台足足講了三分鐘，雖然她自認「講的很爛」，但這是她長這麼大第一次完整地公開表達，她終於戰勝了心裡最大的恐懼。

小瑞不避諱地談起身世，父母在她很小的時候離異，父親沈迷毒品，幾個叔伯不是酒鬼，就是混黑道。小瑞唯一的親姑姑嫁到花蓮，阿嬤過世之前曾經拜託姑姑幫忙照顧這名孫女，小瑞搬到花蓮住了一段時間，但對姑姑、姑丈嚴格的管教無法適應，譬如要求她在校的成績國文、英文要達到八十分，數學要滿六十分。

小瑞對學校的課業興趣缺缺，「讀書有屁用。」她不屑

說道，雖極力抗拒，但又找不到方向，變得十分叛逆，在學校頻頻鬧事，有次事情鬧得太大，揚言要跳樓，姑姑自覺無力照顧，只好又把她送回桃園老家。但那個家早已支離破碎，家中的冰箱、冷氣、鐵窗……只要是能變賣的東西，都被吸毒的父親拆得精光，甚至還偷別人的手機去變賣，「超誇張的，真是夭壽。」小瑞拉高尾音形容。

因為原生家庭已完全喪失教養功能，再加上小瑞還未成年，被桃園縣政府社會局安排住進安置機構，社工告訴她，住到高一就可以回家，「但究竟要回到哪個家啊？」她一臉困惑。

小瑞想回花蓮姑姑家，因為她不想在外獨立生活，「要打工付水電、房租，太累了。」她也不想留在家園，因為限制規定太多，譬如一個月只能用五百塊零用錢，剩下一千五百塊要存起來，六、日才能使用手機半小時……

小瑞今年十四歲，入住家園已有兩年。她有一半泰雅族血統，留著一頭過肩長髮，前額有一排整齊的劉海，五官立體而明顯，笑起來的模樣可愛迷人，個子雖不高，體格結實飽滿，喜歡游泳、唱歌、跳舞，以後的願望是當歌星。

小瑞一口氣說完自己的故事。大家把焦點移到坐在旁邊的小佳，她是家園中年紀最大的女孩，十七歲，也住了最久，前後五年。小佳正在念高二，身高一六八公分，她希望自己能繼續長高，「因為我以後想當 model。」小佳露出一口整齊的白牙，表情有一點害羞靦覥。

　　小佳第一次住進家園的時候，念小學六年級，因為家暴被送進來安置，或許是過去受創的陰影太深，小佳十分膽小害怕，動不動就坐在地上歇斯底里哭喊著：「不要打我，不要打我！」挫折忍受度很低，姊姊們在家園裡看過小佳出現好幾次自殘、自傷的行為。

　　在台灣，受虐少女案件逐年增加，而且 70％是被自己的親生父母加害，有的案例長達八年、十年。精神醫學研究人員分析，兒童青少年出現自傷或自殘行為，往往是下意識刻意放大受創的經驗，因為過往曾被傷害，使得他們無法信任他人，對於願意幫助他們的專業人員，大多也抱持懷疑排斥的態度。而且，他們普遍有自尊心低落的問題，常出現憂鬱、焦慮、重大創傷後壓力症候群，並有自殺的意念或企圖。

　　哈佛大學精神醫學教授馬汀・泰契（Martin Teicher）長期追蹤研究一群年幼時遭受身體虐待的兒童與青少年，發現受虐經驗會影響他們的大腦發育，造成神經構造功能損害，腦部負責情緒與記憶的傳導物質會變得不穩定，常會出現暴躁易怒、具攻擊性，或精神狀態無法平靜下來。

　　馬汀教授指出，這些受虐兒童日後若是沒有社會相關資源的介入，以及接受適當的矯正治療來替代移轉這些受創經驗，並發展出獨立的自我，即使到了成年或結婚，都可能因為價值觀的混亂矛盾而複製童年生活形態，甚至會拷貝過去的受創模式，從「受害者」變成「加害者」。

　　這五年來，小佳也改變了很多，她在共生家園受到的照顧與正向的啟發，接受創傷療癒的諮商課程，再加上都市人基金會發展出一套「戶外體驗冒險教育」協助創傷復原的模式，執行長王克威常帶著大家挑戰一些艱困的任務，小佳的潛力受到激發，狀

小瑞海上全副武裝的英姿。

況愈來愈穩定。小佳其實已經結案，可以回到自己的原生家庭，但她選擇繼續留在家園，一方面她想陪伴小瑞和巧克力，她也喜歡在這裡的日子，可以過正常規律的生活。

很多年前，好萊塢曾根據一本同名小說改編拍攝的電影《女生向前走》（Girl, Interrupted），故事是描述一群住在療養院的年輕女孩接受療癒的過程，每個女孩都曾經遭受身心創傷，譬如有的是與生父亂倫，有的是與有婦之夫通姦，有的是反社會或邊緣性人格等，她們或自願或被迫住在療養院裡。

這本書的作者蘇珊娜 ‧ 凱森（Susanna Kaysen）在十八歲那年住進療養院，待了十八個月，並根據親身經歷寫下半自傳的故事。她與這群女孩在修復受創心靈的過程中相互扶持，一起編織未來。

女孩們離開療養院後，有的重新回到正常生活，有的墮落沈淪，也有的用自殺結束年輕的生命，各自發展出不同的命運。故事的主人翁蘇珊娜 ‧ 凱森，如願成為作家。正如電影與小說共同闡述的宗旨：「妳可以把自己逼瘋，但妳也可以跨過去。選擇權在妳自己。」（You can drive yourself crazy, or you can get over it. The choice is yours.）

　　曾經有心理學者探討，同樣有過受創經驗，為何有人能向上提升，有人卻往下沈淪，有時固然是受到後天環境因素影響，有時則是出於個人抉擇。

　　最著名的例子之一，莫過於風靡全美國的知名媒體女王歐普拉・溫芙芮（Oprah Winfrey），她生長在種族歧視嚴重的密西西比州鄉下一個單親家庭，小時候讀書成績優異，但九歲時遭到繼父持續性侵，十四歲時墮胎、逃家、吸毒……，直到重回生父身邊，並對她嚴厲管教，「有些人讓事情發生，有些人看著事情發生，有些人連發生什麼事情都不知道。」父親訓勉她，「妳應該給自己一個更好的生活。」

　　自幼聰穎的歐普拉很想知道，未來的生命到底會有什麼事發生。憑著與生俱來的語言天分和記憶力，她在十九歲時從一個地方小電台的業餘播音員開始，踏入傳媒界，積極把握每一次表現的機會。一九八六年，歐普拉得到「A.M芝加哥電台」老闆的賞識，提拔她成為電視脫口秀的主持人。

　　一直到二〇一一年止，《歐普拉溫芙芮秀》長期高居美

國電視談話節目的收視冠軍，她的節目內容健康、正向，打動人心，每週有超過兩千萬觀眾收看，並在一百多個國家地區播出。「你可以選擇繼續沈溺在過去的創傷裡，也可以選擇和過往的經驗和解，讓自己好好的活下去。」歐普拉從不隱諱談論自己坎坷的過去，她的奮鬥歷程更是深深啟發了許多不幸的人，並以她為學習榜樣。

許多身心受創的女孩也許不如歐普拉幸運，即使不能成為廣受歡迎的媒體女王，但正如歐普拉的父親當年告訴她「可以給自己一個更好的生活」。

第三位接棒發言的巧克力，她和小瑞同年，兩人念同一所學校。事實上，巧克力長得一點也不像「巧克力」，她的皮膚白白淨淨，而且是白裡透紅。

巧克力住進家園的時間不到一年，才不過十四歲，就已經換過三個寄養家庭、三個安置機構。巧克力也是因為遭受家暴，小時候常被父親用水管、衣架、木頭毒打，因為她想保護弟弟，結果被打得更慘。

猜測是遭到附近鄰居向警方舉報，有一天，媽媽到學校接

她和弟弟放學，兩輛警車突然停在他們面前，二名警員和社工人員強制把她帶上車，巧克力大哭大鬧，哭得聲嘶力竭，仍被帶走。直到兩年後，巧克力才在家暴中心見到父母。後來父母又去看過她兩、三次，從此音訊全無。巧克力升上國中後曾去打聽，得知父親已過世，母親另與他人同居，也生了小孩。

有家卻歸不得，巧克力自覺被遺棄，「反正就是沒人愛我。」她失去對人的信任，開始游移在不同的安置機構和寄養家庭，變得行為脫軌，經常偷東西、說謊、蹺課，寄養家庭的媽媽只得把她送走，巧克力心裡有一點難過，但也無所謂。

巧克力住進另一個寄養家庭，但被家中的哥哥性騷擾，她跟爸爸說，爸爸只是笑笑，沒有做任何處理。巧克力向社工反

巧克力分配到與營長謝惠雯「同舟共濟」，所受影響甚鉅。

應，三天後，巧克力從學校被社工員帶走，暫時安置在板橋的一家機構，再轉介到都市人基金會，「我怎麼又被換了？」巧克力很無奈，但她未成年，也無能為力，只得逆來順受。

　　巧克力缺乏安全感，擔心隨時再被遺棄，又擔心同學朋友知道她的背景會被排擠，總是刻意編造謊言隱瞞身世。她入住家園後兩個月，就跟著大家一起去獨木舟環台，因為只有訓練一、兩個月，很怕跟不上進度，但同行的女孩及姊姊耐心地協助鼓勵，巧克力戰勝了恐懼，也建立了與他人的信任感，逐漸拿掉自我偽裝的面具。

　　對於未來，巧克力一半樂觀，一半悲觀。十八歲以後她

巧克力耐心地教導小朋友划獨木舟的技巧。

可以離開安置機構，自主生活，有安靜的獨立空間，但經濟問題恐怕是最大的壓力，必須要找工作才能自給自足。

曾有社會學者批評，現行法律明訂將保護安置作為受暴、性侵處遇重點，藉由隔離來防止兒少繼續被加害，但這些孩子大多是非自願的被警察或社工強行帶走，送到只收單一性別的安置中心，雖然可以保護人身安全，卻被迫與一群陌生人相處，不免產生抗拒，也有不少孩子產生分離焦慮。

許多被安置的孩子甚至認為，自己是被關進「監獄」而失去自由，機構裝設的鐵門、鐵窗，不是為了阻擋外面的「壞人」，而是防止裡面的「壞孩子」逃跑，是在懲罰他們的行為，孩子感受不到大人的善意，不論機構提供再怎麼溫馨的環境，他們還是想找機會逃走。

二〇一五年，台灣大學社工系陳毓文教授針對台灣地區兒童及青少年性交易防制工作發表了一篇研究報告，她明確指出，西方國家的處遇策略並非以安置為主軸，而是以充權（empowering）為概念，來提升這些孩子的自尊心，讓他們看清自己被壓迫、被剝削的處境，再透過就業訓練輔導，幫

2014/8/18環島第49天，少女從八斗子划到基隆嶼，海域澄澈，生態豐富。

助他們脫離被剝削，重新開始自立生活。

　　不過，陳毓文肯定安置處遇的優點，女孩在封閉隔離的環境可以重新「看到」自己與身邊的人，也讓家人看到她們的需要，彼此開始願意改變，「安置的服務模式不需要被推翻，但嚴格的管控卻需要被鬆綁。」她提出中肯建議。此外，孩子離開封閉的機構之後，如何重返社區也是難題，追蹤系統需要更完整落實，必要時仍要「拉她們一把」，否則猶如脫韁野馬，生活、就學、工作不穩定，過去在安置機構所做的努力等同前功盡棄。

　　新來的婷婷也是遭到家暴，父母離異後，爸爸再娶越南外配，因為忙於生計，對女兒疏於管教。婷婷由於屢次蹺課、蹺家，曾被父親用鐵條毒打、深夜罰跪在鐵屑散落的工地、還曾經連續被甩了一百記耳光、被壓倒在地上剃光頭髮……，經歷過各種觸目驚心的體罰。

婷婷是缺少愛的小孩，父親對她的管教不是罵，就是打，甚至怒罵她是「廢物」，她不甘示弱回嘴：「有怎樣的爸爸，就有怎樣的女兒。」但每次看到父親生氣，婷婷就暗自高興，「因為他就會開始多關心我，可是每天又會被他碎碎唸個沒完。」她自己也很矛盾。婷婷交了一個在便利商店打工的男朋友，送了她一支新手機，「他好帥喔！」說著說著，婷婷整張臉竟然臉紅了起來。

　　可惜，婷婷在共生家園裡只待了不到三個禮拜，就不告而別，家園向警方通報協尋，卻始終沒有婷婷的下落。雖然這已不是女孩第一次的逃跑事件，但姊姊們還是覺得惋惜，婷婷錯過了二〇一四年夏天的獨木舟環台，但不該錯過人生重建的機會。

　　婷婷或許太年輕，只看到現在，還沒辦法看到未來，姊姊們很想告訴婷婷，對自己一定要抱有希望，要有夢想，不要太早放棄，「過去的創傷已經發生了，能補救多少，就補救多少。」家園主任吳美儀中肯表示。

　　小瑞、小佳、巧克力目前的狀況都很穩定，也都接受了

耶穌，小佳並受洗成為基督徒，「復原增能是一輩子的功課，我們無法陪伴她們一輩子，但若是心中有信仰，卻可以陪伴她們一生。」美儀語重心長指出。

走出家園，街燈一盞一盞亮了起來，儘管淡水的夜晚依舊下著大雨，但明天起床，總是盼望會有旭日東昇、雨過天青的好日子出現。

追夢團隊特輯　　　追夢團隊特輯
小瑞　　　　　　　巧克力

chapter 2

上帝指派的功課

「都市人基金會」最早是由「另類牧師」陳公亮牧師一手創辦，陳牧師一直是個話題人物，個人作風甚至帶有一些爭議性。他是台灣第一個領軍到中國大陸宣教的牧師，他更是打破傳統親自跑到地下舞廳去傳福音，做事很有魄力與遠見，曾被媒體形容「最有創意的牧師」。

　　王克威還在念大學的時候，曾在學校裡上過陳公亮牧師的人生哲學課，覺得陳牧師很有個人魅力，講話內容頗具煽動力，「如果用『白話文』形容，就是很有霸氣。」在王克威心目中，陳公亮牧師猶如「一代梟雄」。

　　這樣描述一名傳福音的牧師似乎有點不倫不類，但的確有很多年輕人被陳公亮獨樹一幟的個人風格吸引，成為他的「粉絲」。王克威也不例外，追隨陳公亮牧師進了教會，不但影響他成為虔誠的基督徒，大學畢業後決定進入教會工作，開啟他長期投身於社會福利工作的領域。

　　早期的都市人基金會是做全人關懷的教會附屬機構，設立宗旨為「以信仰落實生活為理念，以心靈陪伴引導為策略」，專門收容社會底層的邊緣人，包括受虐婦女、吸毒犯、

出獄的更生人等，幫助這些弱勢族群從逆境中自立自強，建構邊緣再生，喚醒心靈自覺。

　　一九九七年，王克威與朱芩從陳公亮牧師手中接下「都市人基金會」。當時，這對夫妻都還是三十出頭的年輕人，但他們大膽接受這個任務，由王克威擔任執行長，朱芩擔任副執行長，並將基金會轉型，專注於協助弱勢邊緣青少年。

　　「我們對青少年一直很有『負擔』。」朱芩透露。她口中提到的「負擔」，這是基督徒常使用的語彙，表示一種責無旁貸的「使命」。朱芩的意思是說，並沒有人強迫他們去

1996年王克威與朱芩一起受訓的年輕模樣。

基金會位於新莊的發源地，辦公室僅三坪半。

做，而是自發性地認為「照顧陪伴這些弱勢邊緣青少年，是上帝交給他們的功課」。

王克威與朱芩接觸過很多需要高度關懷的弱勢青少年，發現這些來自破碎家庭的小孩，因為缺少關愛，紛紛從家庭與學校體制內出走，這些孩子對未來沒有方向和期望，逐漸走向沉淪，甚至誤觸法網。

《聖經》裡有一段話：「匠人所棄的石頭，必成為頭塊的房角石頭。」這群邊緣青少年不應是被放棄的一群，而應是重新被愛、被建造的大軍。他們把這群孩子稱為「風火輪

少年」——風，代表自由；火，代表熱情；輪，代表方向。

　　王克威不諱言，上帝交付的使命，通常與個人的生命經歷有關。他也是來自破碎家庭的小孩，父親是醫生，父母婚姻不合，動輒吵架、打架，母親吃安眠藥自殺獲救。後來父母離婚，王克威與弟妹跟著母親同住，因為父親的缺席，造成他成長過程中缺乏學習榜樣，一直是他心中最大的陰影和缺憾，形成他自卑、自閉，也自怨。

　　念大學時，王克威就讀中原大學數學系，但他自認沒有

王克威常掛在嘴上的「李哥」李朝成牧師(後排右二)，帶領王克威信主。

縱行囝仔

TREKKING
THE WAY
HOME

數學天分，雖然從不曠課，按時出席，卻因連續兩學期二分之一學分不及格而慘遭退學。這對他是另一個重大的挫敗。

被退學後，徵兵令來了，要入伍去當三年兵，王克威自我反省，「父母離婚不是我的錯，被退學卻是我的錯，我不能找藉口，自己要負責。」於是下決心閉門苦讀，參加轉學考試，又考回中原數學系，終於順利把大學念完。

王克威追隨陳公亮牧師到了仁愛堂，因緣際會認識了教會一位輔導大哥李朝成牧師，受到他的關心並且一路陪伴他成長。李牧師每次看到克威，總是熱情地給他一個大大的擁抱，克威也目睹李牧師夫婦婚姻幸福美滿，並非像自己的父母總是充滿暴戾之氣。

二〇一二年由陳惠美、權國瑋執導的紀錄片《縱行囝仔》，拍攝一群家庭功能失調的青少年一起「找家」的過程，也回頭追溯了王克威的原生家庭，深刻地描述出他經過的蛻變。因為成長過程一路跌跌撞撞，王克威對於弱勢青少年特別能感同身受，當他看到那些渴望被愛、被關注的眼神，也彷彿看到當年的自己，如何因為得到他人的陪伴與幫助而掙

2012年第九屆28天共生營，由陳惠美、權國瑋導演拍攝成紀錄片上院線發行（照片提供／絕色國際）。

脫困境。

　　基金會副執行長朱芩有一個暱稱「朱美女」，她曾是職場上成功的女強人，每天腳上踩著高跟鞋，打扮得光鮮亮麗，坐在摩登的電梯辦公大樓裡奮力地為事業打拚。

　　朱芩的好勝心很強，還在念高中時就立志要當「女強人」，決心好好做出一番事業讓別人刮目相看。她的家境原本不錯，從小念貴族學校，父親在國際港口擔任「引水人」，負責開小船到外海引領國際商船進港。

　　引水人工作具有危險性，值勤時必須穿著救生衣。有一年過農曆年期間，朱芩的父親臨時到台中港代班，引領一艘希臘籍的商船進港，就在從小船爬上大船的樓梯時，被一股突如其來的大浪捲入海裡，雖然父親一向水性好，但那天卻沒能游上岸，更糟糕的是，他沒穿救生衣。

　　「父親被人救上岸的時候，已經沒有呼吸。」朱芩見到父親的最後一面，他已經躺在殯儀館內的冰櫃裡，母親當場哭得聲嘶力竭，朱芩只是覺得很遺憾，從小到大父親幾乎都在跑船，後來考上引水人執照在岸邊工作，他們父女才有比較多的

時間相處，但還沒過幾年光景，父親就永遠離開了他們。

父親在她高二那年過世，親友來參加告別式，不自覺露出同情憐憫的眼神，卻刺傷了一向好強、不服輸的朱芩，暗暗立誓：「爸爸沒賺夠的錢，我一定要賺回來！」

大學時代朱芩就在頗具知名度的滾石唱片工作，後來又進了廣告與公關公司，工作賣力，一路往上爬升，做到主管，並且創立了自己的公關公司，生意與客戶一件接著一件上門，曾經月入台幣三十萬的高薪。

朱芩如願當了女強人。不過，再強悍的人也有脆弱的時

為母則強，朱芩現為兩個孩子的媽，兼顧家庭、事業。

候，她把很多事都藏在心裡，不想讓人看到她的脆弱。她渴望得到愛情的滋潤，卻老是遇到不對的人，經歷了兩段轟轟烈烈馬拉松式的戀愛，最後都落得無疾而終。

朱芩的感情生活虛幻飄渺如浮雲，雖然外表成功，內心卻空虛不已，讓她覺得人生失去了著力點，終於到了無法承受的地步，她徹底崩潰了，得了憂鬱症，每天把自己關在屋子裡，等同於自我囚禁，甚至一度想結束自己的生命。

有三位教會的朋友察覺她的異狀，專程來探望她，並決心幫助她。三位朋友跪下來為她向上帝禱告，就在一剎那間，奇妙的事發生，朱芩突然覺得全身貫穿了一股強力的電流，當下再也無法控制地嚎啕大哭……

從此以後，朱芩隨著朋友走進教會，接近《聖經》，不但受洗信了耶穌，也找到心靈的依靠，「這種永恆的愛，就是我一直在追求的。」如今，朱芩回憶那段生命轉型的歷程，語氣平靜緩和，已不再有錐心的刺痛。

王克威與朱芩相識於教會。最初，他們彼此都不認為「對方是自己的『菜』」。朱芩的印象很深，王克威總是穿著吊

再說一次Yes, I do，王克威與朱芩結婚20周年紀念日。

咖（背心）、短褲，「看起來就像肌肉男。」朱芩形容，而她自己，總是穿著時髦合身的套裝與高跟鞋，十足都會女強人的打扮。

在李朝成牧師夫婦的撮合下，他們開始交往。朱芩一度遲疑，充滿恐懼，過去十年的苦戀都沒結果，會不會舊事重演？她向上帝禱告，並讀到《詩篇》的一段經文：「因他使心裡渴慕的人，得以知足，使心裡飢餓的人，得飽美足。」這段話給她信心，「喔，這次應該不一樣。」

不久，王克威去了美國攻讀數學碩士，但只待了五個月就毅然整裝返回台灣，也是受到《雅各書》一段經文的啟發，大意是說，你連明天都不知道自己在哪裡，為什麼不珍惜當下。他接受上帝的呼召，決定回台灣與朱芩結婚，兩人並一起進了神學院進修。

他們夫妻剛接手都市人基金會時，兩人擠在一個不到四坪大的樓梯間，充當臨時的辦公室，因為不用付房租，還有供水、供電。但一切都還在衝刺階段，基金會經費拮据，陳公亮牧師提供他們每月十萬元的資助，持續半年之後就沒有

921大地震，歌手徐懷鈺代言基金會「有夢的心」活動，300位志工前往災區輔導受災青少年。

任何援助，發了幾個月薪水之後，銀行戶頭所剩無幾，還得四處張羅籌款。

　　在那段草創時間，基金會的營隊內容大都採取團體遊戲的形式，以輔導單親家庭的小孩為主。發生九二一大地震那年，他們與「飛颺青少年成長中心」合作，花了三個月時間訓練了三百名大專學生，運用創傷輔導與體驗教育的模式，深入台中及南投災區進行「青少年心靈重建營」，一共辦了十二梯次，那是從外籍宣教士學來的一套方法，帶給他們很

深刻的衝擊，可說是受到戶外冒險教育的第一次啟蒙。

就在同一年，朱芩去了一趟新加坡，她久聞新加坡「城市豐收教會」的聚會形式很特殊，每週日早上八點，大批的青少年就去排隊等候入場，隊伍排的有一、兩公里長，好像是等著參加偶像歌手的演唱會。朱芩很好奇到底是什麼魔力，竟然能吸引這麼多年輕人，也跟著去一探究竟。

主日禮拜的內容很豐富，現場有樂隊、舞蹈和戲劇表演，講道的牧師只出來講了十五分鐘，內容精簡有力，很多青少年感動得淚流滿面。朱芩對那個景象相當震撼，她坐在會場裡禱告：「主啊，我們做青少年服務也能像這樣嗎？」

她接到上帝的回應：「妳現在看到的這一切都是簡單的，最困難的是在台下陪伴他們生活，尤其是那些沒有資源、身處在最底層的青少年，去把他們從黑暗的角落裡引導出來。」

回到台灣後，朱芩跟另一半分享這件事，克威也非常認同，「那我們就來做吧！」

無巧不巧，不久，他們結識了當時任教國立體育大學的謝智謀教授，他是美國印第安那大學休閒行為哲學博士，也

是台灣學術界第一個引進戶外冒險體驗教育的專家。

　　謝智謀本身也是虔誠基督徒，曾走過一段狂飆的青春歲月，從小在暴力家庭長大，為了躲避挨揍，逃家、蹺課，猶如家常便飯，成天在外廝混、打架、勒索，最後成為中輟生，有一次因為偷竊失手被抓，被送進少年法庭的觀護所。這件事對謝智謀造成很大的打擊，產生自我覺醒。後來，他發奮圖強，重返學校苦讀，成績名列前茅，大學畢業後繼續赴美深造，拿到博士後返回台灣任教。

28天共生營，讓青少年深夜置身南湖山屋，欣賞滿天星斗（照片提供／絕色國際）。

謝智謀率先在國內提出「荒野冒險可以豐富生命與心靈」的概念，當一個人處在惡劣的環境之下，因為大自然裡充滿各種元素和變數，可以引導個人進行反思，讓生命進行解構後又得到重組，產生正向的心理機轉，心理學家稱之為「荒野效應」（wilderness effect），這和一般人以為「冒險是陷入無助絕望的險境」正好相反。

　　冒險體驗教育風行於西方國家多年，很多學校也用來當作學生的生命教育。一九九七年由天下文化出版的《堤河邑冒險學校》（My Adventure in the Bush），深入探討紐西蘭中學的山野教育，曾引發國內學界一陣討論熱潮。

　　從學理上解釋，「冒險」由淺至深可分為四種功能：娛樂、教育、輔導以及最困難的治療。「冒險體驗教育最大的核心理念是建立自我省察的能力。」臨床心理師徐堅璽分析指出，西方國家常把冒險體驗的概念運用在醫學臨床治療，譬如針對藥癮、酒癮、精神疾患與自閉症、過動症患者，可協助行為矯正，也有諸多成功的案例運用在受暴婦女、弱勢兒童、行為偏差青少年的復原充權。

　　在台灣，「治療」是醫學專業名詞，只有醫師才能進行治療；「輔導」也是專業名詞，只有心理師才能輔導；都市人基金會的戶外共生營是「教育」，但同樣能達到輔導與治療的功能。

　　但冒險教育並非直接處理個人問題，而是運用身體的挑戰帶動內心的自我察覺，提高自我價值感，找出個人優勢，並轉化到日常生活，激發解決問題的能力，「從知道→做到→改變，這是循序漸近的三部曲。」徐堅璽進一步解釋，經過冒險活動的體驗產生自我改變的能量，一旦再回歸到原來

的生活環境，可以增加適應性。

　　在西方近代歷史上最有名的案例之一，就是美國的老羅斯福（Theodore Roosevelt）總統，一九八四年，他的第一任妻子因病過世，哀傷過度的羅斯福總統將自己放逐到南達科他州的「惡地」（Dakota Badlands），藉由放牧、打獵、寫作等活動進行身心療癒。很明顯，惡地之行拯救了羅斯福，自此他在數十年的從政生涯中，矢志以保護山林為人生職志，羅斯福同時贏得「白宮最偉大的博物學家總統」的美譽。

　　謝智謀把冒險體驗教育的理論運用在邊緣青少年身上，得到很大的成效，並陸續培訓出不少戶外活動指導員，包括社工師、心理師、職能治療師等。王克威也是其一，成為謝智謀的入門弟子。二〇〇四年暑假，「都市人基金會」在謝智謀教授協助下，率先推出長達二十八天的「戶外冒險共生營」，也是台灣少見最長的青少年夏令營隊之一。

　　他們協助這群從主流體制出走的孩子，背負行囊登高山，在野地裡搭帳棚，在湍急的河流裡划獨木舟，利用大自然艱困的環境，讓他們與山海產生深度對話，進而反省覺察。很

多孩子都是一邊哭，一邊爬，甚至站在高空繩索上嚇得全身發抖，把每個人的潛能都逼到極限，通常有一半的孩子中途放棄，一旦能完成這樣高難度挑戰，每個孩子最後都能卸下武裝，真情流露，進而反思，產生自我概念的提升。

他們在二十八天裡朝夕相處，同吃、同睡，靠著團體制訂的公約維持紀律與解決衝突。有一名父母離異的國中男生，從小跟著爺爺奶奶長大，在攀爬一座瀑布時摔下來二十幾次，但他再接再厲，堅持到底，最後終於成功攀上去，「我的爸媽當初放棄我，但我沒有自我放棄。」事後，這名國中生紅著眼眶敘述這段過程，令人動容。

還有一名混黑道、徘徊在中輟邊緣的國中男生，登上三千七百公尺高的南湖大山頂峰，坐在山頭哭喊著：「媽媽，我以前不聽妳的話，妳跟我說這樣下去遲早會被抓去關，我

幫派男孩猴毛在28天共生營登頂後，寫下「我是男子漢」。

現在知道錯了，以後絕對不再和那批人鬼混……」下山後，這名少年果然回到學校繼續半工半讀完成學業，每個月固定交給媽媽三千塊分擔家用。

走過漫長的十七年，發生很多感人的故事。王克威已年過五十，朱芩也不再年輕，陪伴青少年的過程既耗時，又費心，這樣的差事薪水不高，承擔的壓力又大，為什麼不選輕鬆的事做，而非要自討苦吃？

能夠一路走到今天，王克威與朱芩也常常覺得不可思議，「我們也反覆問過同樣的問題，經過禱告，還是得到相同的答案，這是上帝指派給我們的功課。」他們依舊不改初衷，無怨無悔。

朱芩提起一件事，他們夫婦剛結婚不久，一起去新竹縣尖石鄉參加教會為青少年舉辦的「基甸營」，那是朱芩第一次體驗戶外冒險，十四天內只洗過兩次澡，生活條件十分克難。晚上牧師講道，全體人員共同為青少年禱告，她和克威感動得淚流不止，「那一刻，我們強烈感受到上帝的呼召！」

「陪伴」是一條漫漫長路，每一個孩子都很特殊，藉著

戶外冒險體驗幫助他們摸索出方向，一旦找出人生的目標和興趣，並且可以為它廢寢忘食，這就是陪伴者最大的收穫。「尤其是愈聰明的孩子，屬於他的『好球帶』往往愈窄，他或許不知道要什麼，但卻很清楚不要什麼，這個摸索的過程或許很漫長，但千萬不要放棄，一定要耐著性子，一試再試。」王克威心有所感，提醒大人不要操之過及。

《縱行囝仔》公開上映後，引起很多好評與討論。有一回，王克威應邀到一所小學演講，有一名十歲小男生舉手發問，「你已經那麼老了，等到我可以參加共生營的時候，你還在嗎？還會有共生營嗎？」男孩的率真，惹得現場師生哈哈大笑。

王克威也笑了。他據實回答，「我也不知道還能帶共生營多久，但我常知道自己是『不行的』，因為青少年愈來愈厲害，而我的體力卻愈來愈差，若不是我的『老闆』——上帝很厲害，我是不敢再繼續辦共生營。」

他比喻，這就像玩俄羅斯羅盤賭，若是上一次沒有擊發出子彈，下一次擊發子彈的機率就會大增，所以他一直都在

積極尋找接班人，等待有意願、也有能力的年輕人出現，「都
市人基金會天生就流著冒險的 DNA，一定要一棒接一棒。」
他語氣肯定說道。

　　要走的路，真的還很長。

電影《縱行囝仔》預告片
都市人首創 28 天共生營

chapter 3

共生家園

什麼是共生家園？這就得先從「共生」的概念談起。

根據《維基百科》（Wikipedia）解釋，「共生」字面意義就是「共同」和「生活」，這是兩個生物體之間生活在一起的交互作用，甚至包含不相似的生物體之間的吞噬行為。共生又可依照不同形式分為六類：寄生、互利共生、競爭共生、片利共生、偏害共生與無關共生。

都市人基金會的共生家園基本上是屬於互利共生，表面上類似一個社會安置機構，但實質上是一個「另類家族」的型態，長期安置十歲至十八歲曾被家暴、性侵、遺棄及迷失的弱勢少女，這些被安置的少女與一群社工員、輔導員一起生活，女孩並與外界做某種程度的隔離，避免繼續受到傷害，藉由在家園內與「家人」密切的互動與陪伴，女孩重新學習被愛、被接納，建立新生與自信，達到創傷復原與療癒的功能。

都市人基金會目前有五個共生家園，統稱為「向日葵少女復育家園」（簡稱「向日葵家園」），平均每戶家園入住四名女孩以及兩名陪伴的社工員與輔導員，女孩稱她們為「姊

1998年，基金會最早的共生家園孩子。

姊」，女孩口中的「威叔」（王克威）與「朱美女」（朱芩）
則是家園裡的大家長。女孩們除了白天上學，其餘所有時間
幾乎都和家人相處在一起。

　　都市人基金會成立共生家園，可說是純屬偶然。
一九九八年，王克威與朱芩接手都市人基金會大約半年後，
辦公室搬遷到新莊另一個較大的空間，一位牧師轉介了一名
受暴婦女帶了三名女兒來緊急安置；後來，又轉介來兩名中
輟的大學女生與國中生；又隔了一陣子，朱芩的念小學四年

級的姪女朱妍安也搬來同住。一個屋簷下，一共住了四個大人、六個小孩，算是共生家園最早的雛形。

二〇〇五年，都市人第一次接受台北縣（新北市）政府委託，嘗試公辦民營的安置計畫，分別承接少男、少女的緊急短期個案，連續做了四年，績效不錯。後來，個案愈來愈多，空間不敷使用，基金會又搬到淡水。

政府社福單位轉來個案有些是家暴、性侵的受害少女，或者蹺家、逃學、吸毒的中輟生，而且件件都很棘手。孩子們一旦住進家園，雖然只有短短十天、半個月，最後大多不願離開，「孩子幾乎都賴著不想走，把這裡當成家，因為他們感受到被照顧的溫暖。」王克威透露，那段時間，原本只能容納八床的空間，最高紀錄曾擠進十三名孩子。

雖然政府基於人權考量，限制安置機構「不能強迫孩子的信仰」，都市人基金會並沒有強迫孩子信耶穌，但在那種氛圍之下，自然而然就變成基督徒，「七成被安置的孩子跟我們信了耶穌。」王克威嘴角掩不住一抹笑容。

都市人基金會做出口碑，但也逐漸察覺經管理念與政府

社福單位不合。社會局安置計畫有一套既定的標準作業模式，而且，為了符合專業倫理，離開安置機構的孩子不允許再與原機構聯繫，雙方必須保持清楚的界線。

但都市人基金會認為，這些孩子好不容易與共生家園建立的信賴關係，卻硬生生被切斷，對他們無疑又是一次心理斲傷，王克威深感不平說道：「何況，我們所有的工作人員都住在這裡，總不能阻止孩子來找我們啊！」

因為立場與看法不同，都市人基金會與政府社福單位數

共生家園透過團體活動，讓成員更深的認識彼此，進而凝聚情感。

度衝突，甚至出動民意代表居中調停。二〇一二年，都市人決定停止受理緊急短期安置，只承接長期少女安置個案，希望做得更深入紮實，而不只是扮演「救火」的角色。

社福單位雖然對都市人基金會有意見，但最後還是得借重都市人的經驗與方法，因為政府公部門做不到共生家園的模式，沒有辦法好好照顧這些流離失所的孩子，尤其有的個案從很小就被原生家庭拋棄，結果就像個「人球」在各個安置機構轉來轉去，而且機構大都把責任的箭頭指向孩子「她不乖」、「她很糟」……，所以才不要她。很多這類的「難置兒」最後都被轉介到向日葵家園，「這也是一種很尷尬的共生結構。」台灣大學社工系主任陳毓文持平指出。

政府的規定只適用於通則，譬如，一般的安置機構人員配置是十二至十五名小孩，設有一名專職社工人員與生輔員（類似舍監）；若是比較特殊的「難置兒」，大約是五名小孩，配置兩名社工與生輔員。向日葵家園則是四名孩子，配置兩名社工員及生輔員，「他們走出自己的模式，照顧即生活，算是非常精緻。」陳毓文相當讚賞。

　　共生家園的功能更超過安置機構，尤其這些在原生家庭缺乏愛的孩子，共生家園有一種替代功能，陳毓文相當肯定都市人基金會的理念，不管從信仰面或服務的對象，都有令人可敬的獨特之處。

　　既然是家園的概念，家人在一起共同生活，個人可以擁有比較多的自由，女孩甚至可以外出買消夜，不像一般安置機構限制頗多。但共生家園有一個先決條件，因為工作與生活無法切割，必須找到有共同信仰的工作人員，而且不能計較，既然是為家人全然的付出，強調的是無償的分享與愛，所以它的規模無法做大，只能做到小眾，很難擴散做到量化。

　　共生家園不僅是提供「保護」的場所，同時塑造出一個「平權」的環境，強調「全人」的價值觀，用「關愛」與「支持」的方式去教育。譬如，向日葵家園每週固定召開「家會」，由女孩共同決定生活庶務，商討當週的特殊活動行程，女孩也可以表達個人意見或爭取權益，姊姊們也會宣布一些規定，同時頒發圖書禮券來獎勵表現良好的女孩。

　　此外，孩子在家園裡不會被「標籤化」，工作人員不去

挑剔孩子的缺點，而是用正向角度去陪伴每一個小孩。譬如，女孩的心情不好、擺臭臉，姊姊會主動詢問：「發生了什麼事」、「妳看起來很不開心，妳想要我陪在旁邊？還是自己獨處？」、「如果妳想找人談，我隨時都在……」類似的對話讓女孩充分感受到自己被接納。

「這就像是一個已經沒氣的皮球，在地板上絕對是彈不起來的，需要靠外力讓它彈起來，幫它打打氣、或者用力拍壓它，而不是去責怪這個皮球為什麼自己不能彈。」陳毓文比喻中肯。

真正的充權、賦權是讓孩子們自己去做決定，學習為自己負責。二〇一四年暑假，都市人基金會帶著八名向日葵女孩用獨木舟環台，就是一個利用冒險體驗教育「打氣」的方式，讓女孩的能量和潛力徹底被激發出來，她們過去一直被認為是弱者，能力長期被忽略，但獨木舟環台讓她們看到自己的潛力和成就，進而更有自信掌控未來的生活。

台灣過去針對弱勢青少年與失怙兒童設有育幼院、教養院，提供安置與生活照顧，也有提供身心障礙者長期居住的

庇護機構，工作人員是採用固定上下班或二十四小時輪班制，被照顧者一旦進入安置機構，幾乎都是終老一輩子。

但現今的政府社會福利政策已有修改，從早期被動式的庇護服務（refuge services），到近年來諸多學者主張的充權、賦權（empowerment），被保護或安置的兒童、青少年，最多只能在安置機構待到十八歲，就必須離開學習自立生活，若是繼續就學可以延長到二十二歲。

這種集中居住的安置機構在國外也行之多年。一九七〇年代，全世界第一個為婚姻暴力受害婦女設置的庇護機構在英國創立，提供受暴女性作為短期住所與身心安全的協助，

都市人基金會欲開辦社會企業，讓少女進行職能訓練，自立生活。

這種庇護所就像一般的住宅社區，通常是以家庭為單位，每名入住者擁有獨立的房間，但共用廚房、浴室、客廳等公共設備，庇護所對外不公開地址，以確保安全性與隱密性，但有提供外界直接的求助專線。

大多數庇護機構強調自助（self-help）和相互支持（mutual support），並以住民為中心（resident-centered），把每一名入住者視為主體，並透過一些專業的輔導與訓練，增強住民的自我認知，學習重新生活與職業技能，一旦住民離開庇護機構，便可以獨立自主生活。

陳毓文觀察，「共生家園」可說是台灣自創的名稱，而且幾乎都具有基督教背景。譬如，另類牧師陳公亮設立的「希伯崙家園」就非常典型，在全省北、中、南一共設有六個家園，專門收留一群「活不下去的人」，包括精障、身障、智障、家暴、受虐、中輟生以及更生人等等，他們來自社會邊緣，流離失所，走投無路，共生家園提供一個安身立命之處，也創造工作機會，協助他們習得一技之長，也找到活下去的意義和尊嚴。迄今，「希伯崙家園」已成功幫助近一千名人士。

目前都市人基金會正積極募款籌建的向日葵活力村藍圖

此外，基督教「晨曦會」在香港、泰國、台灣、美國等
地成立的戒毒村，則是針對戒毒者提供的庇護組織，他們將
人員集中居住，以不靠藥物，只靠耶穌基督的福音來拯救失
喪的靈魂，用靈性課程幫助這些染毒人士戒毒，並靠著養雞
種菜，過著與世隔絕、自給自足的生活。

不論是庇護機構或共生家園，絕大多數都不是隸屬政府
單位，而是由民間機構（NGO、NPO）負責運作，經費來源
部分由政府社會福利部門補助，部分由入住者自費或家人支
助，其餘則是靠民間募款或企業贊助，由於財源不穩定，近

來鼓吹「社會企業」，不少庇護機構也開始轉型，嘗試經營小規模事業自食其力，譬如希伯崙家園有對外營業的餐廳、新鮮蔬果市場和烘焙坊。

未來，都市人基金會也將把腳步伸得更遠，除了原有的二十八天戶外冒險共生營與向日葵共生家園，二〇一五年農曆年首度開辦了「親子探索學堂」（彩虹童心園），朝向社會企業的模式發展，以及正在募款籌建的「向日葵活力村」，將可容納更多的青少年與寄養家庭，幫助少女發展職能，自信自立地展開新生活，進一步回饋服務社會，興建活力村所需的台幣八千萬經費，目前已籌得五分之一。

向日葵家園最高紀錄曾經住了二十五人，這麼一群人，工作與生活全部攪在一起，這些孩子被帶離熟悉的原生家庭，轉到了人多的陌生環境，難免感到壓力，也許某人說錯了一句話、某一個無心的動作、對一件事的意見不同，甚至為了分配打掃的區域、洗澡的順序……，隨時都能引發各種衝突。

女孩們也會為了「姊姊比較愛誰、不愛誰」而爭風吃醋，甚至大打出手。曾有女孩負氣奪門而出或者受不了被家園約

2015年基金會於淡水開辦的親子探索學堂——彩虹童心園。

束而落跑，還得出動社工、輔導姊姊到處找人，90％的女孩
會回來，但也有的女孩從此一去不返。

　　社會心理學者追蹤研究，年幼時曾受虐或被性侵而倖存
的兒童與青少年，因為身心尚未發展健全，容易造成巨大的
陰影與創傷，在心理上經常出現憂鬱、沮喪、焦慮、憤怒、
自卑、冷漠、疏離等症狀，甚至出現更多外顯與關係行為的
偏差反應，包括藥物濫用、涉入幫派、未婚懷孕、逃學蹺家
等，也有不少個案常有自殘或自殺的傾向。

　　曾有一名被緊急安置的女孩，有很明顯的重度憂鬱，因
為不服家園管理，趁人不注意擅自爬到大樓的玻璃帷幕外牆，

揚言要跳樓自殺，大家趕緊報警，出動消防單位架設雲梯救助，千鈞一髮之際，女孩被五個大人合力拉進屋內，整個過程十分驚悚。當天，女孩被警消人員強制送醫就診，從此再也沒見她回到家園，「如果她真的跳下去，後面還有很多創傷復原的工作要處理。」回憶那段驚心動魄的畫面，執行長王克威露出苦笑。

有些女孩因為遭受的創傷很嚴重，常自比是「垃圾」，爹爹不疼，姥姥不愛。有一回，一名叫大妞的女孩和姊姊起衝突，連珠砲式地飆髒話，「幹╳娘」、「妓女」、「沒屁眼」……，擔任家園主任的惠雯趕緊去幫忙處理，大妞看到又來一個幫腔的，繼續叫罵得更兇：「你們這些人都一樣，

向日葵家園常運用團體方式進行諮商輔導及機會教育。

全都是屁，光是罵我們就飽了，我是倒楣，運氣衰，才被送到機構安置，簡直像坐牢一樣，不得不忍受這種鳥氣，妳一個小小主任有什麼了不起！」

這下子，平日對女孩很有耐性的惠雯也被大妞口沒遮攔的態度激怒了：「那妳又有什麼了不起？」

「我只要躺在那裡，賺得錢都比妳多，幹！」大妞拉開嗓門咆哮。

「妳就是嗜錢如命，不用腦袋，只會用身體去賺錢，我根本不屑賺這種錢！」惠雯也不甘示弱。

這時候，只見大妞像一頭暴怒的母獅子，直直衝過來想打人，幸好被其他的姊姊架開，惠雯不想再跟大妞衝突下去，轉身走進辦公室，留下大妞繼續在原地狂吼。

大妞是個棘手個案，因為違反《兒童及少年性交易防治條例》而被送來安置，長得高頭大馬，體重約有八十公斤。惠雯記得有一次，大妞抓狂起來，出動五、六名工作人員才將她制伏在地上，合力將她拖進四周都是海綿的安靜室去發洩，「這就是那次被她抓傷的。」惠雯出示手腕上一條白色

的疤痕，口氣平緩說道。

　　大妞後來被轉送到另一個寄養家庭，但聽說只待了一個月，就沒了下文。

　　家園的女孩們比較敬畏威叔和朱美女，因為他們是檯面上代表權威的「家長」。朱美女有時管教女孩，女孩不服，認為有差別待遇，口氣很差，嗆來嗆去，最後連三字經的國罵也出籠，朱芩會厲聲制止：「妳給我閉嘴！」

　　當爆發衝突時必須先用強硬的方式壓住局面，後面再慢慢收拾殘局，「這是先硬後軟，事後私下再來搓圓子湯。」朱芩解釋，衝突後的溝通很重要，讓女孩們覺得自己被接納、被包容，彼此才能建立信任感。

　　在台灣，青少年社會福利工作很難討喜，台大社工系陳毓文客觀分析，整體社會對青少年的觀感很不友善，總認為他們叛逆難搞、標新立異、惹是生非，既不可愛，又惹人討厭，「尤其是被家暴、性侵的青少年，更是弱勢中的弱勢，是非常被忽視的一群。」陳毓文指出，向日葵家園做的不是討好的事情，更沒有挑簡單的議題去譁眾取寵，而是關注社

社工們除了以「共生」陪伴女孩，更以「體驗教育」激發女孩的潛能。

會體制內最微小、最不被接受的一群。

「知其不可為而為之，既吃力又不討好。」陳毓文與王克威與朱芩夫婦相識二十年，相當佩服他們的決心和毅力，包括他們自己也去領養了兩個弱勢原住民的小孩，一直是無私的付出給予。

社會講究現實利益，西瓜靠大邊，很多企業與社福機構合作大多是為了行銷與廣告效果，增加宣傳亮點，真正默默行善的畢竟只占少數。然而，一個好的服務模式必須能夠被複製與傳承，達到永續經營，才能發揮更大的影響力，陳毓文認為這是共生家園普遍面臨的挑戰。

曾經參觀過向日葵家園的人，無不感受到王克威與朱芩夫婦的犧牲奉獻，他們都是個性非常鮮明的人，做事坦蕩，言行一致，不隱瞞事實，也各自都有受創的成長經驗，背後就是靠信仰的力量緊緊拉住彼此，韌性十足，這是非常特別的地方，「一般專業人士做不到的，他們做到了，如果他們不做這件事，我也想不出來有誰可以做？」陳毓文十分激賞。

根據政府社福機構追蹤統計，許多受暴、受虐的孩子一

且離開安置機構、返回原生家庭後，絕大多數都被「打回原狀」，有些家長不但跟孩子要錢，予取予求，甚至要求子女幫父母還債。「這就是為什麼要強調充權、賦權的功能，一定要自立更生，不再讓過去受創的陰影糾纏。」陳毓文強力主張，如果可能，這些孩子最好不要回到原生家庭，但矛盾的是，他們終其一生最渴望的就是有一個「家」。

「我們（社工人員）在裡面建設，其他人外面在破壞。」陳毓文感慨，兒虐、性侵通常都是經過一段很長的時間才被發現，這些重新返家的孩子個個都曾經傷痕累累，「被破壞的時間」遠遠超過「建設的時間」，而且常被施暴者洗腦，就是因為自己很糟糕、很差勁，才活該被打，他們對於原生家庭的渴望根深蒂固，即使再沒有溫暖、再缺乏關愛，他們還是期望父母「多看自己一眼」。

當家庭功能崩解，無良父母失能，安置機構只會愈來愈多，共生家園畢竟只是一個微小的力量，永遠緩不濟急。雖然說「能救一個，是一個」，這到底是社會的悲歌？還是社會的救贖？

chapter 4

不當戰場的逃兵

這十年來，不下有三、四十名女孩被送進向日葵共生家園，總是來了一批，又走了一批；負責照顧陪伴女孩的姊姊們，大約也一直維持在七、八名左右。不同的是，女孩們是在沒有選擇的情況下被迫進了家園，姊姊們則是心甘情願自動走進這扇門。

　　共生家園就像一座透明的玻璃屋，裡面所有發生大大小小的事，任何人的一舉一動，無一能逃過每一雙眼睛，隨時都在被人檢視，任何風吹草動都緊密地牽動著每一個人，長

共生家園的工作人員也自然而然的成為了一家人（前排左起為謝惠雯、周念瑾，後排左起為吳美儀、鄭婷瑄）。

久以來，家中成員都是處在這種「透明人」的生活方式。

　　雖然說，共生家園一點一滴幫助受創女孩復原，但在這麼頻繁的人際互動下，每個人都被綁得緊緊的，難免產生壓力，很容易讓人心力耗竭。再說，每個人都需要喘息的空間，不只是女孩有時想蹺家，姊姊偶爾也會想在外面閒晃透氣，不想回家。

　　並不是每一個人都適合這種共生的模式。家園主任惠雯看過一則心理分析，有一種人「一直在找家」，就很適合共生，正好可以滿足心靈的空缺不足；還有一種人「神經大條」，對於人際互動不是很敏銳，比較不容易受傷，也很適合共生的模式。

　　一般人對於「家」的定義，就是一個讓人感到放鬆、可以顯露自我本性的場所，而且，很少有家人不吵架的，尤其是在共生家園，什麼事都可能一觸即發，包括女孩與女孩的衝突，姊姊與姊姊的口角，甚至朱芩與王克威夫妻之間的爭執，也無所遁形在所有人面前上演。

　　朱芩毫不隱瞞，有一次，她和克威意見不合，忘了究竟

是為了什麼事開戰，克威足足有三個月不跟她講話，「克威最擅長的就是冷戰。」朱芩搖頭苦笑，有時為了避免氣氛弄得很僵，還得勞煩其他的姊姊充當中間的「調味料」，出面緩頰。

這與每個人的原生家庭有關，克威的母親、外婆都是女強人，父親也很強勢，每次看到克威兩兄弟就是開口訓人。克威在成長過程中飽受壓抑，很受不了別人態度強勢，因此只要朱芩稍稍顯露女強人的本色，克威立刻就會發作反彈。

所幸，夫妻倆自從領養了兩個小孩，為人父母以後，脾氣改善很多，一旦發生不愉快，往往一天就能破冰和好。朱

王克威分享原生家庭故事。

芩悟出一個訣竅，一定要先把自己的情緒調整到比較好的狀態，釋放出的訊息才是正向善意的。

有趣的是，在這間屋子裡，不管是大人還是女孩，不少人到了最後「黏住不想走」，或者「一旦走了，又忍不住跑回來」，走出家門後總是會不由自主地想家，即使曾經發生過爭吵、不愉快，畢竟都是「家人」，那扇家門，永遠都是敞開著。

在共生家園工作了七年的明華，前不久剛辭職，打算先帶著家人環島一周，再當「背包客」出國旅行一段時間，「看看人生有沒有其他的可能性，也許帶著更多的能量回來。」

擁有一雙大眼、一頭長髮的明華，個性活潑外向，是女孩們很喜歡親近的姊姊。

明華從當實習生開始接觸都市人基金會。她自暴內幕，她愛玩的個性原本不適合當志工，後來就莫名其妙留了下來，她的大學生涯其實過得很散漫，成天喝酒、打牌、泡夜店，因為害怕寂寞，內心渴望被愛，花了很多時間交男朋友，彷彿沒有戀愛就活不下去，「結果蹺課太多，連體育課都被死當。」明

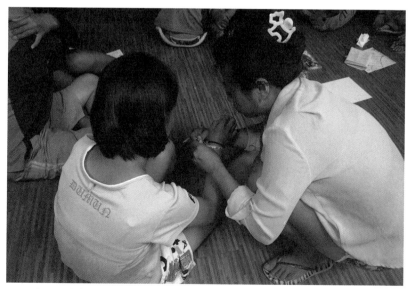

林明華總熱情奔放的給予女孩溫暖及擁抱。

華大笑了起來，直率的態度彷彿是在敘述別人的故事。

明華這七年在都市人基金會的改變很大，生活作息變得很規律，參與冒險體驗共生營讓她踏出過去的舒適圈，能力也被擴張，「這裡的人有溫度、有感情，人跟人很靠近，而且真誠以待，讓我真實感受到『活著』。」但明華也意識到，光是有感動不足以繼續支撐下去，而是要找到自己未來的定位，所以決定暫時揮別家園，經過充電之後再選擇日後去路。

周念瑾有一顆喜歡幫助人的心，還在念高中時，她就立志當社工，文化大學社會福利系畢業後，念瑾就直接進入都市人基金會，這個擁有清秀臉孔的大女生，這是這輩子第一份工作，六年沒換過跑道。

二〇一三年綠島的營隊結束後，念瑾進入從基金會全職角色退下，暫時進入休息，但一起參與了二〇一四年的環台訓練和籌備，「每次離開家園，我都有一種莫名的罪惡感，總覺得自己是戰場上的逃兵。」她坦言，但每隔一段時間都會覺得心力交瘁，似乎很難再撐下去。

念瑾和家園女孩成長在截然不同的環境，她的父親在高

中擔任國文老師，母親從事旅行業，是一個很標準的中產家庭。家園女孩經歷過的風浪，實在令她難以想像，完全超乎她的生命經驗，身為一個助人工作者，她只能給予最大的包容接納，還有盡力嘗試同理陪伴，盡力幫助平復女孩受創的生命。

助人工作者每天站在第一線跟各種棘手的個案纏鬥，相當耗損能量，因為總是無止境的付出，卻看不到立即的「投資報酬率」。念瑾的大學同學很多改行選擇了其他的發展，譬如進入保險業，工作型態穩定，福利又好，每天打扮得漂漂亮亮，過比較輕鬆的日子。

念瑾常在思考，這樣一路辛苦陪伴這群女孩，其中的價值到底是什麼，人生走到一個十字路口，總要停下來想一想「下一步該如走」？

這群姊姊的家人也常無法理解，每個月領這麼少的薪水，責任與工作量又那那麼重，「我從進來的第一天，父母就叫我換工作。」資歷最久的惠雯自我解嘲，三不五時還得回頭安慰父母，「我賺的錢沒亂花，大都存下來了。」

謝惠雯在基金會超過10年，練就了18般武藝，開發許多教案激發女孩潛能。

惠雯也曾經質疑：「我還要繼續過這樣的生活嗎？」

惠雯在都市人基金會服務十一年，擔任第一任家園主任，她說出一句肺腑之言，「每一個孩子的改變，後面都必須有一個人『犧牲』，付出無條件的陪伴、接納、關愛。」惠雯若有所感指出，她現在最大的難題是，如何繼續保持對這份工作的熱忱，每隔一段時間，她都要向上帝禱告，「主啊，請讓我維持這把熱情之火！」

惠雯是陽明大學物理治療研究所畢業的碩士，當年意外闖進冒險體驗教育的領域，放棄出國念博士的機會，也違背了父母的期望，成為都市人基金會的一員，做很多超越以往能力的事。

　　惠雯研究所畢業後，曾受聘到新北市一家特殊教育學校擔任物理治療師，一邊準備出國留學的托福考試，打算到美國印第安納大學攻讀博士。她在校的成績一向優秀，只花了一年半就拿到碩士學位，並且通過高考物理治療師的資格，得到全國第二名。直到現在，惠雯的家人、同學依舊無法理解，她為何放棄原本看似大好的前程。

　　惠雯有天吃早餐時，無意間看到報紙刊登一則消息：臺灣第一支戶外冒險體驗共生營徵求大專陪同志工。當下，她閃過一個念頭，「何不在出國之前，趁著這個機會開開眼界，體驗一下台灣的冒險體驗教育是怎麼做的？」她立刻去報了名，報到的那天，其他的志工夥伴幾乎都是大二、大三學生，只有她一人是碩士，二十四歲，最老。

　　惠雯當然萬萬沒想到，四天三夜的志工訓練，卻讓她的

生涯從此做了一百八十度的大翻轉。結訓後，都市人基金會要從裡面再挑選五、六名志工，參加第二階段的前訓，然後才是第三階段二十八天共生營的全程陪伴。

　　不知何故，二十八天的共生營計畫對惠雯有一種莫名的吸引力，一群人竟然要帶著非親非故、行為偏差的高關懷青少年到山野去從事冒險活動。反觀自己，過去只知道埋在書堆裡，寫出來的長篇論文到底對社會有什麼實際貢獻，「無論如何，我一定要去。」惠雯心意堅定，做了此生非常重要

的決定。

她想起曾在大醫院裡實習，雖然有很多同事，但工作的時候都是獨自面對病人，協助病人做物理治療的過程也是冷冰冰的，同事之間關心的都是一堆數據報告，肌力、關節活動度、負重力量……，完全沒有「人」味，一點都不像都市人基金會這群夥伴，大家一起討論，一起腦力激盪，共同去執行完成任務。

在醫院工作的時候，惠雯每天面對的大多是愁眉苦臉的病人。她的第一位病人只有十七歲，因為意外事故造成高位脊椎損傷，頸部以下完全癱瘓，惠雯每次協助這名少年復健，都強烈感覺自己「把絕望的眼淚硬生生地吞進喉嚨」，因為不管她再怎麼努力，少年連最起碼的翻身都做不到，也坐不起來，年輕男孩的父母每次來探望兒子，不是在旁邊搖頭，就是嘆氣。

惠雯跪坐在醫院的治療床上，看著四周幾乎都是神經受傷、無法站立或走路的重症病人，她必須隨時幫助病人翻身拍背才能避免長褥瘡，但她有很深的無力感，不知道該講什

麼話才能讓病人開心，只好閉口不說，不帶任何感情做事，心裡忍不住感嘆：「即使把醫學教課書念得再滾瓜爛熟，我的能力還是有限！」

惠雯加入二十八天的共生營，她的出國計畫也因此被迫中斷。父母很擔心，始終無法理解，她放棄托福考試，把申請學校的事擱在一旁，「這個平日一向很聽話的女兒究竟是怎麼了？」

通知報到的當天，惠雯在房間裡忙著打包行李。

母親悄悄地走進房間，坐在旁邊默默看著她，終於忍不

住開口問道：「妳可以不去參加訓練嗎？」

惠雯搖搖頭，語氣溫和卻相當堅定，「我不想放棄這個機會，我真的很想去。」

父親坐在客廳裡，不發一語，臉色很難看。

臨出門前，她向父母道別，兩人都生氣地沒理她，那幾秒鐘，室內的氣氛凝重，惠雯走出那扇家門感覺竟然像一世紀那麼長。

她的眼淚不自覺地滾下，內心充滿煎熬與愧疚，自覺辜負了父母對她的期望，真的很不孝，但也覺得委屈，「我又不是去幹殺人放火的壞事，他們為什麼不能支持我？」她一直是個品學兼優的乖學生，過著很單純的人生，「這是我做過最叛逆的事。」惠雯回述。

那個改變惠雯的夏天，她進入都市人基金會負責協助輔導青少年，後來轉任共生家園的主任，剛開始常被這些動輒口不擇言、髒話不斷的女孩們嚇壞了，覺得她們根本是一群無法溝通、不可理喻的「異類」。

由於經驗不足，惠雯常被這些女孩氣得扭頭走人，後來

學到愈來愈多專業輔導的技巧，才逐漸適應上手，「我現在很少真正生氣，有時候是故意演給她們看。」十一年的磨練，惠雯練就出一身「既可以溫柔，也可以剛強」的本領，她露出促狹的表情，笑容燦爛。

惠雯是自投羅網，家園裡其他的姊姊大多是一個拉一個，學姊帶學妹，包括吳美儀、林明華、周念瑾、黃洳頻等，都是出自文化大學社福系，這群娘子軍一起打拚了七、八年，剛入基金會時都很單純，沒有太多的社會歷練，大家在這裡跟著女孩一起成長。一晃眼，姊姊都已邁入三十歲了。

這群超人般的娘子軍，有著堅毅的使命感與過人的好體力。

　　這群姊姊雖以「代理媽媽」自居，但她們幾乎都是單身未婚，沒有真正當過父母，甚至外表模樣仍像個大學生，卻要承擔教養的責任，輔導的對象都是行為脫序的少女，任務相當艱鉅。

　　況且，不是每一個來過家園的女孩都能得到「翻轉」，有些會中途逃跑，有些女孩即使結案回到原生家庭，幾乎七十、八十％都是打回原狀，重蹈過去的生活模式，「這不像是種菜，你撒下種籽，就能預期大概多久菜長大了，可以收成，這是無法計算的。」念瑾做了一個比喻，語氣無奈。

　　這群姊姊動輒要處理女孩們的緊急狀況，譬如半夜裡有女孩自殘、自傷，還有偷竊、說謊、不告而別……，每次姊姊們都要跟她們徹夜長談，有時還得上演「官兵捉強盜」的攻防戰，尤其每當認真陪伴過的女孩預謀性的逃跑了，姊姊總是很受傷，卻強迫自己要變成「無感」。

　　有時根本不是在處理表面的行為問題，而是背後的人性價值，「我常有被欺騙的挫敗感，這卻是女孩們過去習以為常的生存之道，而且一犯再犯，毫不為意。」念瑾回想陪伴

過程的一點一滴，心情猶如三月濕冷的雨水，散濺四處。

每一個新來家園的女孩，姊姊們私下都會猜測，「不知道會待多久？」現任家園主任美儀觀察，逃跑的女孩對於仍留在家園的女孩也會造成心理傷害，覺得遭到背叛，「我昨天才好好跟她講話，我們也做了一些約定，沒想到她居然騙我……」姊姊們還得回頭安撫。

受過傷害的人，往往才會想要傷害別人，並且在潛意識裡「拷貝」自己受傷的模式，加諸到其他人身上。

念瑾曾經輔導一名十七歲的女孩，因為「違反未成年性交易」被法院裁定送來家園安置，小小年紀就自稱是酒國名花，當她述說在陪酒時發生各種無法想像的不合理對待，包括半夜三點以前不能喝醉，否則會被罰錢，因為需要保持清醒面對客人，只好吸毒、將酒催吐出來……，念瑾聽到非常難過，女孩這麼年輕，卻必須學習堅強才能在這複雜混亂的社會中存活。

這名女孩在家園只待了不到一個月的時間，便夥同另外兩名女孩逃跑，念瑾和另一名工作人員騎著機車去追人，一

路從淡水追到竹圍，終於攔下那輛計程車。

「妳們三人現在就下車，不然我們就耗在這裡！」念瑾口氣強硬說道。

三名女孩最後是被警車送回家園。

但當天晚上，她們還是跑了。姊姊向警方通報。

三個月後，念瑾接獲台中大甲分局偵查組電話，那名女孩被警方查獲詐欺、販毒而被收押。放下電話，念瑾放聲大哭，一方面很心疼這個女孩，一方面也覺得灰心，彼此都努力過了，竟然是這樣的下場。

女孩即使有心想改變，但也考驗周圍的人是否放手給她們機會，願意再相信她們，因為過去的經歷，她們想要往上爬的機會比別人少，往往更辛苦，一旦被拒或受挫，很容易故態復萌，「反正你們都不相信我，這個世界的人都跟我作對，我幹嘛要變好！」

女孩們因為缺少愛，也都渴望被愛，在男女關係上，通常只要對方稍稍示好，就甘心奉上一切，男朋友一個換一個，很多女孩年紀輕輕就未婚生子，陷入惡性循環。

有一個遭到生父性侵的女孩被安置到家園，每次出庭和父母對簿公堂就很痛苦，女孩的母親為了生計以及維護顏面，內心不願意承認自己的另一半會做這樣的事情，寧願相信丈夫沒有犯錯。這名女孩最後痛苦決定脫離家庭，半工半讀自立生活，但交過的男友幾乎都會對她施暴，念瑾與威叔、朱美女、惠雯去幫助她，但她最後選擇再次相信男友，竟然逃離家園的保護跟著男友跑了，從此音訊全無，彷彿人間蒸發。

　　念瑾常常想起這個女孩，甚至很擔心，深怕這個女孩哪天會被男友打死。直到紀錄片《縱行囝仔》公開放映時，女孩勇敢現身，面對自己的逃跑而傷害信任她的心靈家人，她誠心道歉努力修復關係。並且，她終於離開了那個會施暴的爛男人，找到理想的歸宿，還邀請大家參加她的婚禮，家園的姊姊幾乎都去參加了，欣慰地看到她終於學會掌控自己的人生。

　　類似的成功案例，也讓姊姊們充滿感動。

　　小佳是念瑾陪伴最久的女孩，第一次來家園的時候還在念國小六年級，模樣就是一個小女孩，「身高還不到我的肩膀。」念瑾用手比了一個高度。

　　小佳前後入住家園三次，遇到突發事件常會尖叫、狂哭，甚至自殘，但她的狀況愈來愈好。小佳在家園成長、改變、突破，馬上要升高三，身高一六八公分，長得比念瑾都高，「我現在跟小佳講話，都得抬著頭仰望她。」念瑾笑說。

　　向日葵女孩獨木舟環台期間，念瑾接到父親通知，從小到大跟她很親近的外婆過世，但她沒讓女孩們知道。小佳看到念瑾姊雙眼泛淚，立刻上前給她一個很大的擁抱，那一刻，念瑾猛然察覺，「這個小女孩長大了，也可以把愛給出去了！」

　　姊姊不是永遠剛強，也會跌倒，也有脆弱的時候，當姊

姊變得軟弱，女孩反而會帶來溫暖與安慰，「這就是讓我們繼續走下去的力量，也是讓我們感覺最有價值的時候。」美儀感性說道，「這就是共生家園的真諦，讓生命影響生命。」

增強復原是一條漫漫長路，這群助人工作者常自我打氣；如果一個女孩的改變需要累積五十顆珍珠，姊姊們可能是出現在女孩生命中的第三顆或第二十三顆珍珠，也許現在還沒看到成果，但並不表示曾經付出的努力是沒有價值的。

在共生家園裡所有的喜怒哀樂，讓每一個人更看清自己，認識自己，女孩在家園裡長大，姊姊們也是。

環島期間，周念瑾因外婆過世哭紅了眼，同船的小佳給了她一個深切的擁抱。

chapter 5

# 向日葵女孩
# 逐夢計畫

這整件事情的始末，要從第一任家園的主任謝惠雯說起。

熱愛戶外活動的惠雯有一六七公分的身高，學生時代曾是桌球和籃球校隊，不像一般女孩子大多喜歡逛街、血拚，惠雯從小受到父親影響，喜歡往瀑布、山林、野溪裡跑，非常喜歡親近大自然。

不過，就像絕大多數的台灣人是「恐海族」，惠雯對於大海原本也有一股莫名的懼怕，她曾有一次在海中死裡逃生的經驗。念國中時，她隨家人到馬爾地夫度假，正與弟、妹在海邊開心地戲水，一不小心被大浪捲入海裡，身上沒穿救生衣，雙腳又踩不到底，驚慌失措的大喊「救命」，幸好被當地土著拉上岸，撿回一命。

到了都市人基金會工作以後，大夥經常跟著執行長威叔外出溯溪，惠雯才慢慢接觸到水域活動，游泳、獨木舟，都是這些年才學會。

都市人基金會搬到淡水之後，惠雯常在女孩們下課後帶著大家去海邊跑步，看著海面上帆影點點，還有不少人划著五顏六色的獨木舟，不免心生響往，感受到一股海洋召喚的

力量。

有天，惠雯跟念瑾說了一件事。

「上帝給了我一幅畫面，要我帶著女孩們去划獨木舟……」

「喔，嗯！」念瑾口裡含糊應答著，心裡卻在嘀咕：「拜託，妳瘋啦！」

結果，惠雯很當成一回事，並且很認真地上網搜尋，得知淡水社大開設獨木舟課程，立刻去報了名，結識了授課的張宗輝教練，也開啟了向日葵少女獨木舟冒險之旅。

張宗輝教練年近六十，中等身材，身高一七二公分，精瘦結實，頭髮花白，皮膚黝黑，看得出來曬了不少太陽。

第一次上課，張教練就把他們這些菜鳥學員統統帶到淡水河邊，要求他們拉著船直接下水，口裡講一些讓人聽不懂的話，「環境會教給你們功課……」學員問他問題，他很少長篇大論滔滔不絕，回答幾乎都是三、五字的簡短句「不用擔心」、「不必害怕」、「沒有問題啦」等等。

惠雯感覺張教練是屬於「深藏不露型」，渾身充滿自信，

帥氣十足，對於自己的興趣非常專注。張教練平日以一輛計程車代步，以教獨木舟、造船為業，偶爾兼差開計程車，賺取一些基本的生活費。惠雯聽說張教練曾是飛行傘、滑翔翼、輕航機國手及教練，四十五歲以後改變志趣，從天上飛的轉為海裡划的，包括獨木舟、帆船、划水……，他都能搞定。

　　高工電子科出身的張教練，當過憲兵，退伍後開始全力投入戶外冒險運動，造船則是無師自通，靠著自己摸索，再加上天生具有一雙巧手，為了推廣獨木舟運動，在淡水竹圍租了一間農舍的鐵皮屋，成立手造獨木舟工作室。「好酷喔，哪天一定要親自去見識一下。」惠雯由衷佩服。

　　有一天，惠雯開車沿著一條雜草叢生的小路，拐了幾個彎，終於找到張教練的工作室，看見張教練正在埋頭造船。

　　惠雯不請自來，張教練並沒有太訝異。

　　「教練，我也可以學造船嗎？」惠雯姑且問問，暗暗擔心被教練「打槍」。

　　「可以啊！」張教練不改本色，回答有力簡短，不說廢話。

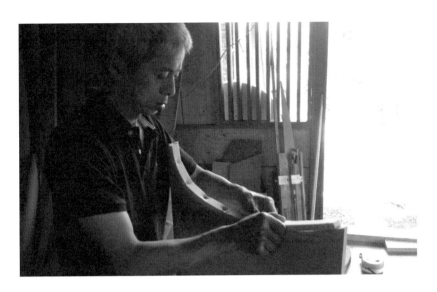

「好，我真的很想做，需要多少費用？」惠雯加重語氣問道，深怕張教練下一秒就改變心意。

「大概要五萬塊台幣吧，妳不用管那麼多，先來做就是了！」這一次，張教練的回答居然有二十幾個字。

惠雯真的開始學造船了，成為張教練的入門弟子。

從都市人基金會下了班，她就迫不及待衝進張教練的工作室，一有空閒就在辦公室剪剪弄弄、畫施工圖、打草稿，引起朱姊和其他夥伴好奇，察覺她行蹤有異，「惠雯，最近在搞神祕喔？」

惠雯連忙說明事情的始末。

「嘎，這麼棒的事，我們為什麼不帶女孩們一起去做呢？」

在朱姊提議之下，本來是惠雯一個人的事，結果變成是整個家園的事，十二名女孩再加上五、六名工作人員，大家決議輪流排班，合力建造一艘雙人獨木舟。

基金會與張教練洽談，要帶一群女孩們造舟，談話中他大約了解這群女孩的背景、身分及造舟的目地。

「好啊，大家就一起來試試看！」張教練第一次看到這群女孩及陪伴的社工姊姊，心想：「不就是帶者一群小孩子

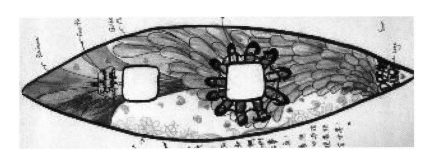

做勞作嘛，只要把船完成，也就交差了事。」

　　結果，事情沒那麼輕鬆，一群人造船反而比不上張教練獨力造船，平時大概花兩個月就能造好，這十幾個人搞了三、四個月還沒弄完，過程不時傳來女孩們被工具割傷、被木頭撞傷的慘叫聲。

　　六個月後，「向日葵號」在這群女孩及社工姊姊們手裡誕生了。這艘獨木舟長五・二公尺，寬六十九公分，重量約三十公斤，外觀是兩頭尖尖、舟身為包覆式的雙人海洋型獨木舟，船體用的是強韌不易變形的香杉木。女孩與姊姊用她們的淚水、汗水所完成的心血，在慶祝儀式的嬉笑聲中，連起碼造過五、六十艘船的老手張教練，也不禁對這群女孩流露的真情而動容。

張教練沒騙人，向日葵號果真只花了五萬塊，因為張教練堅持只收她們材料費。

不久，執行長威叔又帶著兩名志工和向日葵女孩合力完成了第二艘「夢想號」，尺寸大小與第一艘完全相同，但因為材料費漲價，這次的造價花了五萬五千塊。

二〇一三年暑假，家園女孩受到綠島一所小學校長姚麗吉幫助，由惠雯領隊帶著大夥到當地做冒險體驗，向日葵號也跟著她們一起去了綠島。十二名女孩加上工作人員，花了兩天完成環行綠島一圈，雖然途中有人嘔吐，有人尖叫大哭，但最後還是平順地走完。

綠島之行成功的經驗，帶給她們很大的信心，女孩們個個都很興奮，覺得自己

很「行」，可以挑戰更大的。

有天，機會來了。就讀國中的奶茶在學校裡看到一張宣傳單，是由「安麗希望工場基金會」針對十八歲以下的青少年提出的逐夢計畫——「小夢想 · 大志氣追夢計畫」，特別是弱勢族群小孩，鼓勵他們大膽作夢。

回到家園後，奶茶向大家提議：「不如我們去報名，用獨木舟環台灣一圈？」

奶茶的點子立刻得到女孩們的附議。

反倒是惠雯的眼珠子差點沒掉下來，「妳們要搞清楚，綠島不過是像芝麻般大，台灣就像是一塊燒餅！」她覺得這些女孩才划了一趟綠島，就想挑戰環島，未免太過自我膨脹。

「反正就去試試看嘛，你們平常不是鼓勵我們要勇於作夢嗎？」奶茶被澆了一頭冷水，仍不死心地據理力爭。

惠雯看著奶茶，這個女孩常用高分貝的嗓門捍衛著應有的權利，善於利用每一個資源到最高效益，「為什麼不可以」、「我又沒有」、「你們姊姊都」……，不僅思路清晰、情緒激昂，而且得理不饒人。

　　惠雯正想著該如何勸說奶茶打消念頭，不料朱美女也跟著幫腔，「對嘛，惠雯妳就去寫一個企畫案，我們試著去提案。」

　　「好吧！」惠雯勉為其難，心想機率應該不大，但她還是花了好幾天寫企畫案，又去請教張教練，詢問這個計畫的可行性，申請內容打算用自製的無動力獨木舟環島，划船的人是這群少女與陪划的社工。

　　三年前，張教練與另外兩名教練用獨木舟環台一圈，一共花了二十四天，相當瞭解台灣四周海域的狀況，聽完向日葵女孩計畫的內容與構想，張教練依舊沒多說廢話，正面鼓勵她們，「就去申請吧，我全力支持配合。」

張教練嘴巴說「沒問題」，心裡想著，當初同行環島的夥伴都是相當有經驗的教練，而這次要帶領的這批人頂多只有划綠島的經驗，而且全都是一群娘子軍，「嗯，完成這項計畫的確需要有神蹟。」他覺得有些不可思議。但另一方面，他的冒險因子也被這群女孩激發，「生命不就是應該有所冒險嗎！」

安麗希望工場的逐夢計畫共有一百多組人馬去提案，正取只有五名，可謂競爭相當激烈。第一關的書面評選，總共有十名候選人入圍，審核標準包括創新性、前瞻性、影響性和可執行性。向日葵女孩順利地通過了第一關，被通知去做第二關的口頭簡報。正式報告的當天，表現很好，向日葵女孩進入決選；但還有一關網路投票，卻不幸吊車尾，總成績得到第六名，成為遺珠之憾。

但評審一致認為這個計畫很有意義，而且安麗基金會還有多餘的經費，決定破格增額錄取。主辦單位以電話通知都市人基金會，「恭喜妳們，評審通過決議要給向日葵女孩逐夢的機會。」

　　惠雯在另一端接到電話，十分錯愕，連聲拒絕，「不用啦，不用啦！」

　　「我們已經決定了，妳們開始準備吧！」安麗基金會的承辦人 Sonia 語氣相當肯定，以為惠雯是因為客氣而推辭。

　　掛上電話，惠雯就忍不住哭了出來，「這麼巨大的一件事，要怎麼去完成啊？」

　　「是啊，環島的形式可以有很多種，為什麼不用單車、徒步、慢跑，而非要用獨木舟不可呢？」惠雯跟一些專業獨木舟教練提到這個計畫，竟也遭到不少質疑。

　　「使用獨木舟這項工具，完全吻合女孩的經驗。」大家在會議中達到共識，女孩們在實際的人生中都曾歷經過風浪，而這趟獨木舟環台之旅，可以幫助她們到海上體驗更真實的大風大浪，增強復原力。

　　「女孩們必須拋棄過去受虐的悲情，從此手心不再往上，也可以開始大膽放手逐夢。」副執行長朱芎相當肯定這個任務，她從綠島之行察覺女孩們的潛力，相信一定可以完成挑戰。

最後，惠雯順理成章一肩挑起向日葵少女逐夢計畫的營長，張宗輝教練負責總教練的職務，當他聽說「安麗基金會特別增額，讓向日葵女孩入選」，這下才驚覺，「喔，這是玩真的，而且玩很大！」身經百戰的張教練也不由煩惱起來，現在才是考驗的開始。

一開始針對航行的設計，是由女孩與社工姊姊「一搭一」，兩人共同操作一艘獨木舟，由同划的姊姊貼近照顧。張教練對於陪划的姊姊印象深刻，儘管這群年輕的姊姊並非每個人都喜歡水上活動，但為了完成這項使命，都必須克服心理的恐懼與身體的不適。

惠雯的擔憂一點都沒錯，在往後的幾個月，苦差事一件接著一件來。

環島出發日期定在七月初，惠雯和另一名社工姊姊念瑾從半年前就開始接受訓練，先到北海岸的金山青年活動中心、宜蘭冬山河練習長程划行，修正划槳姿勢。

兩人與十幾位舟友穿梭在冬山河中，至少一個多小時不停槳，相較於其他舟友，他們兩人的獨木舟資歷非常短，都

還不到一個月，所以大部分的時間都是在遠遠的後面拚命追趕隊伍，念瑾甚至幾度看不到惠雯和其他舟友，挫折感大大襲來，只好不斷的和自己對話，也因此而和惠雯有了小衝突，希望孤單的感受可以被照顧。

春節過後，她們跟著一名從美國請來的 ACA(American Canoe/Kayak Association) 資深高級教練，嘗試更進階的划船技巧。

向日葵女孩們環島，為什麼不找專業的獨木舟教練授課，卻非要惠雯、念瑾親自上陣，這不是自討苦吃？

這真是個好問題。因為專業教練雖然划槳的技術很厲害，卻很難罩得住這群女孩，她們的問題不是體力，而是情緒起伏很大，脾氣一來，會任性地杵在原地，動都不動，除非讓

她們心服口服，否則很難讓她們聽從指揮。

　　惠雯與念瑾跟著外籍教練正式受訓的第一站是在日月潭。外籍教練要求學員在水裡練習翻船復位與救援，每一個學員都是連人帶船在水裡翻滾，那是一套很「硬」的課程，通常是針對已很有經驗的操舟老手，看到教練示範，這兩位女生簡直是驚呆了！

　　攝氏八、九度的冬天，位在高山上的日月潭的確不是蓋的，潭水是冰的，頂著寒流來襲，兩人全身發抖，一次又一次的練習，每次翻身下水都要經過一番痛苦煎熬，如此嚴酷的考驗，第一天就面臨崩潰邊緣。接下來連續兩天的前進槳

課程，也是硬翻了，每個動作都一再修正。兩個大女生晚上洗澡、睡覺，格外想念溫暖的家和被窩，都會忍不住噴淚。

惠雯的水性不佳，念瑾雖有專業水上救生員資格，不怕水，但是怕冷，兩人一邊划槳，一邊掉淚，「為什麼我們非要搞成這樣啊，幹嘛要受盡這種折磨？」教練一再三令五申，「練不會，怎麼帶女孩去環島？」念瑾回憶當時的情景，眼眶微微泛紅。

第二站是綠島。雖然她們曾帶女孩去划過綠島，但此一時，彼一時，夏天和冬天完全是兩回事。

清早起床開車趕路、趕船，一干人馬在強力的東北季風乘船到綠島，一到海邊，立刻坐上獨木舟划行，至少兩小時不停槳，練習來回樓門岩。這兩天的浪大，了解到在浪中絕不能停槳，否則就會翻船，身體還必須隨著浪起舞，也是硬翻了的體力大考驗。

教練要求一人划一艘船，惠雯的體力還不錯，但念瑾的狀況不佳，轉腰划槳的動作還不夠熟練，落後很多，一直跟不上隊伍。教練見狀，下令返航，要她們兩人留在港內練習。

下午的救援練習，教練要求每一次必須比前一次更快，翻船、救援、翻船、救援，反覆不停的演練，兩個大女生依舊掙扎，隨時想打包走人。幸好，當一人低潮時，另一人在旁邊安撫鼓勵，才沒有半途而廢，果然是「No pain, no gain.」（沒有付出，就沒有收穫。）

　　第三站又返回北部的金山。這回是練習用獨木舟衝浪，當天岸邊的浪頭約有三公尺高，外籍教練拿著模型解說，浪從那個方向來，什麼時候該衝出去……，兩個女生猛搖頭，「我們需要學這麼難的技術嗎？實在是太痛苦了！」

　　這天的課程可真是把人給嚇傻了，光聽教練在岸上的教學，就讓人心生怯步，換穿防寒衣時兩個女生的眼淚啪答啪

答的掉下來……，再去和教練溝通後，明白可以選擇性挑戰，可以在岸邊先學習衝浪技巧，再進入最後衝浪階段。

她們還是划出去了，但只在內海練習，沒有跟著去外海衝浪。結果，所有衝出去的船全都翻倒了。沒錯，冒險的真諦不是為了追求刺激，也不是為了玩命逞強，必須是在安全的前提下完成挑戰。

第四站的碧潭，水流平穩緩慢，相較輕鬆許多。教練專注在學員的划行技巧，包括控船、轉圈、側移、S型……，整個訓練課程十分平易近人，猶如倒吃甘蔗，「嗯，這就是我們真正想要的。」兩個大女生終於露出笑容，漸入佳境，一邊練習前進槳，圍繞在身旁有許多不同造型和顏色的小鴨鴨(天鵝船)，閃躲天鵝船也成為特別的體驗。

惠雯和念瑾週末回到家園，馬不停蹄地開始訓練女孩，從星期一忙到星期天，幾乎沒有一刻休息。經由親身經歷，她們更明白用獨木舟環島是多麼不容易，也提前體驗了環島期間女孩可能會面臨的狀況，「這真的是一項不可能的任務，這個暑假一定會非常驚天動地。」念瑾在心裡默禱。

鏡頭切換到總教練張宗輝。

某天，在一次偶然的聚會中，張教練與二位多年的老朋友朱榮興、王容南聊起這項環島計畫，「到目前為止，缺東缺西的，也不知道是否可如期出發？」

聽到張教練的擔憂，好友關心地問起：「是缺什麼啊？」

張教練回說：「缺水上摩托車、救生人員、地勤人員、車輛，最主要是缺錢啦！」

老朱聽完後卻興致勃勃地表示：「喔，我也要參與！」

沒想到張教練馬上回敬他一盆冷水，「你不行啦，划船的都是年輕女孩子，而且基金會也沒有多餘的預算。」

「不然，你問問基金會還缺什麼需要支援的，反正我就是認為有義意的事，非參加不可！」聽老朱的口氣，還挺當成一回事，態度相當堅定。

當下，張教練覺得這個老朋友還真是有點煩人。

張教練聯絡後得知，環島之行缺支援的水上摩托車，但基金會目前沒這筆預算。老朱立刻拍胸脯保證：「沒問題啦，我會去買一部水上摩托車，還會去接受訓練。」這還不打緊，

自費購買水上摩托車的老朱(朱榮興)與兒子、媳婦一家人。

包括老朱的兒子、媳婦，一家人都放下工作，提供整個環島的人力、車輛、器材，並且完全自費參加。

老朱說了一句讓人窩心的話：「這是有意義的活動，平常要做也不見得有機會。」

「我想，你的兒子、媳婦也會將你的愛心，潛移默化地傳承下去。」張教練回應。

另一位好友老王也慷慨允諾，提供白沙灣的住家當作訓練基地以及上岸休息的地方；划行經過花蓮的時候，提供輕航機帶著女孩們做飛行體驗，讓她們多了從空中看台灣的經

驗；返航行經白沙灣時，出動帆船一路護航到當天的目的地淺水灣。

張教練當初的預言果然應驗，要實現這個環島計畫的確需要神蹟，這二位好朋友選擇用自己的方式全力支持這個活動，而且不求回報。

獨木舟環島需要預備的人、事、物，遠遠超過所有人的想像。籌備期間，聽見太多「不可能」的聲音，加上各種攔阻和困難，包括划船女孩人數不足、情緒及行為狀況非常不穩定、教練尋找困難、人力嚴重缺乏……，處處充滿著未知及疑惑，「坦白說，我有好幾次都沮喪到很想放棄，但始終有個微小的聲音對我說：『繼續做就對了』！」惠雯坦承。

身為營長，惠雯試著開啟另一種思考模式：放下追求掌握全局的安全感與不確定的焦慮感，一邊繼續往前進，一邊看祂怎麼成就？這段時間，張教練反而成為最大的定心丸，他總是一貫用他四兩撥千斤的幾字箴言：「沒問題啦！」

因為一個國中女孩發起用獨木舟環島逐夢，結果讓一群大人忙翻了天，從寫計畫、公開提案、籌備、訓練、找錢、

找人……，這一切雖然都不是在預期中發生的，到目前為止，這個故事一直充滿戲劇性的轉折。

正式出發前，念瑾在日記中寫下了一段話：「我們知道上帝為我們預備的是我們眼睛未曾看過、耳朵未曾聽過，甚至心裡未曾想過的事，所以有神為我們預備，有天使（獨木舟教練、安麗夥伴、各方的支援）願意幫助、力挺我們。」

如果這真是上帝的應許，阿門！

少女環島
追夢計畫影片

追夢團隊特輯
朱大哥一家人

公視《我們的島》
向日葵少女的
人生挑戰

chapter 6
# 出發上路

二〇一四年七月一日上午，台灣第一支由八名少女組成的獨木舟環台隊伍啟航，淡水漁人碼頭出現了一大群熱情的加油部隊，其中有不少媒體風聞而來採訪，「飛躍的羚羊」紀政女士也來到現場加油打氣。

　　出發前，八名即將出海逐夢的向日葵女孩搖旗宣示，全體工作人員在碼頭上手牽手祈禱，很多人激動得流出淚，志忞的心情充滿著緊張、敬畏和感恩。

　　經過長達半年的籌畫，包括九艘獨木舟、兩台水上摩托

出發前，朱芩帶著大家一起禱告。

車以及陸地上的卡車、拖車、休旅車……，總共約三十餘人浩浩蕩蕩的人馬，在海巡戒護船隨行之下，帶著滿滿的祝福出發上路。

划在隊伍最前面的是總教練張宗輝，八名女孩分別與社工姊姊、教練還有執行長威叔採取「一搭一」配對：巧克力＋惠雯、小佳＋念瑾、小雁＋泇頻、奶茶＋美儀、小靜＋阮阮、奶油＋柏融教練、小瑞＋婉瑩以及譓瀾＋威叔。

豔陽高照，萬里晴空。

但這一天，海面上卻狀況連連。這支隊伍航行不久，向日葵女孩才剛划過台北港，就面臨五級風浪和逆流，此起彼落的驚聲尖叫與失控的大哭，充斥在整個海域。

張教練見狀，連忙與戒護的巡防艦艇展開海上救援行動，

連人帶船把一艘艘獨木舟拖上艦艇，歷經了一場兵慌馬亂的海陸大戰，最後僅剩三艘獨木舟在海上苦撐八小時，包括惠雯＋巧克力，念瑾＋小佳，威叔＋譿瀾。天黑前，這六個人筋疲力竭、腰痠背痛地划進桃園竹圍漁港。

啟航日是一場如假包換的震撼教育，教練團緊急召開會議，研擬解決策略，安撫這些女孩，好讓隊伍能夠繼續往前挺進。

整支隊伍依照每人的職責不同，分成四個工作組別：陸上後勤支援、航海教練及安全戒護、社工及輔導員、媒體公關及資源連結。

事實證明，獨木舟環島真的不是一件簡單的事。

各種事務紛至沓來，讓人疲於奔命。最大的挑戰之一包括工作團隊間的溝通協調，夥伴之間常遇到立場不同、意見相左或彼此質疑。出門在外，生活條件難免刻苦，最讓惠雯感到無奈的，就是有部分人員對於吃住的品質感到不滿，產生諸多抱怨，讓她深為困擾，甚至想逃避不去面對。

「彼此相愛」真的不容易。環島過程中，惠雯曾兩度刻

意神隱，任性的讓自己呈現癱瘓狀態，她不斷禱告，告訴自己要學習女孩願意改變和突破的態度，捺住氣憤及克服恐懼去處理「人」的問題，用勇氣去面對，流著淚說道歉，原諒對方和自己，重新獲得力量再前進，「感謝神幫助我看見自己的軟弱和限制，幫助我更能夠同理身邊的人。」她向上帝交心。

這是團隊的集體行動，共同生活是一門高深的修練課程，成功的關鍵是必須立下公約，才能讓這一趟冒險成為生命蛻變的旅程。正式出發前，八名女孩在大大的海報上寫下共同的目標和期待，也立下決心和承諾。這份宣示的內容總共有六十四個字：「集合時間，準時出現；認真參與，挑戰自我；注視夥伴，團結合作；享受分享，真誠無敵；早睡早起，正常作息；裝備整理，愛惜保護；珍惜眼前，把握當下；堅持到底，永不放棄。」

向日葵女孩來自不同的成長背景，有著很不一樣的個性、習慣和表達情緒的方式，一旦發生衝突，勢必成為環島旅程中痛苦的折磨。光是要「擺平」這些女孩就是一門功夫。

　　率先提議獨木舟環島的奶茶，居然是整個團體中第一個情緒爆炸的女孩。

　　環島冒險之前，奶茶已離開家園，返回原生家庭生活。相較其他還在家園的女孩們，奶茶少了許多行前訓練，唯獨完整參與的是綠島划行的經驗。環島航行的第一天，奶茶由於經驗不足，在風浪中崩潰、尖叫、破口大罵三字經，來發洩內心恐懼的情緒。

　　環島的第五天，划至松柏漁港，奶茶因為疲憊，在整理

裝備時認為姊姊們給予女孩的口令不一致而發脾氣，導致和營長惠雯發生口角衝突。

外表強勢的奶茶，總是氣勢不輸人，凡事爭第一，武裝的背後卻藏著一顆容易受傷的內心。父親在她很小的時候就過世了，媽媽的生活不穩定，奶茶被迫寄人籬下，學會看人臉色，見風轉舵，以確保有所謂的「好日子」。

奶茶擅長拉攏人際以鞏固自己的勢力，即便外表看似和人有良好的關係，其實內心裡很難與人建立深度的信任，因為沒有做到完全的交心，雖然具有領導能力，卻難以施展。

奶茶情緒不穩定的狀態大約維持兩周，同船的姊姊不斷地忍耐、安撫。隊伍一直划到了墾丁，其她女孩對奶茶的負面情緒忍耐到了一個臨界點，幾乎沒有人願意再和她同船，姊姊們決定利用大團體討論來協助女孩共同面對問題。

所謂的大團體討論，常常運用在解決群體的衝突矛盾，大家開誠布公把問題攤開來，各自陳述想法，再共同討論出改進方案。面對女孩們一波波赤裸裸的批評聲浪，對於奶茶而言是很大的打擊和熬練，她感到挫折、沮喪、流淚，但這

也是大團體討論的特點，在經過極大的破碎瓦解之後，反而容易讓人變得謙卑，在逆境中學會堅持。這對奶茶是很珍貴的學習機會。

生氣起來想當兇狠的奶茶，姊姊們一層一層幫助她撥開武裝的外衣，瞭解到隱藏在這個女孩內心裡最真實的脆弱和恐懼，她其實是非常膽小的孩子，很沒有安全感，很需要知道自己被愛。

姊姊們引導奶茶思考，可以用什麼取代國罵，達到安定自己的情緒也不影響同船的夥伴。經過大團體討論後，奶茶開始慢慢調整，即使非常緩慢，卻是一個很棒的開始。奶茶學會用唱詩歌取代國罵，在航行中覺得無聊時，輪流和後座的姊姊玩播報員的遊戲，一起看雲、唱詩歌，享受在海上的時光。姊姊們察覺奶茶持續不斷進步，的確是一個潛力無窮

的女孩。

　　生命的轉輪不停止地前進，奶茶也繼續寫著生命勇敢的故事。

　　陪伴心靈受傷的女孩一起去冒險，這一直是社工與輔導姊姊們很喜歡做的事，其中最大的困難度在於如何建立信任感，包括：對自己、對教練、對輔導員、對夥伴，彼此付出無條件的愛。

　　奶油是團隊中另一個火爆浪女，大家替她取了一個綽號「小辣椒」，一旦發作起來，程度更勝於奶茶。

　　「你是怎樣啦！」正當大家一片和樂融融、在一起開心同樂時，團隊中那個嬌小、一臉稚嫩的奶油，總會時不時的發出各樣怒吼，打壞原本平靜的氣氛。這個小辣椒發飆時的模樣，不但嘴巴嗆辣，態勢兇狠，而且總是像連珠砲一樣罵

個不停，連一點喘息、辯解的機會都不給別人。

奶油在家園的時候，三不五時就上演像這樣突然與別人爆發衝突的戲碼，尤其是在晚餐的時候，時常弄的餐桌乒乒乓乓、翻桌倒椅，原本應該要放鬆談心的晚餐時光，瞬間變得烏煙瘴氣，大家避之唯恐不及。在五十四天的環島途中，像這樣的怒吼、衝突的場面，也從沒見她少過。

奶油歷經家暴的成長背景，以暴制暴成為她的生存法則，尤其當她「感受」到被指責、被威脅、被拋棄的時候，她一定會搶他人一步先發制人，張開她憤怒的刺，用乖張、兇狠的外表來掩飾自己充滿恐懼、自我價值低落的心。

奶油為了自我保護，絕對不會想讓人看到她脆弱的一面，她打從心底不相信，這世界上有人真正的在乎她、愛她，所以她也很難去信任別人。她在獨木舟划行的過程裡，總是違抗規定，拒穿防水裙，因為她認為那東西會讓她無法順利脫船自救。她害怕風浪，遇到大浪就會失控，開始不聽從任何人的指令，擅自亂划，在講求團隊合作與信任的雙人獨木舟上，她的行為總是充滿危險性。

「不被愛」的恐懼除了讓奶油無法學會信任之外，也讓她變得異常纖細敏感，經常過度解讀別人話語中的含義，要不就是把別人好意的「提醒」，誤解為「指責」，把別人為了想了解狀況詢問她的問題，認為別人在責怪她「做錯、做不好」。

遇到這樣的狀況，她往往開始大呼小叫，言詞犀利地攻擊他人，讓被攻擊的人感到莫名其妙，但愈解釋她就愈變本加厲，語氣和用詞更加激烈，很多人被她這樣的反應激怒，都會控制不住的反擊回去，終至引爆一場又一場的衝突。

小辣椒胸中的憤怒之火，讓人無法輕易靠近她的心，她即便拚了命也得不到最渴望的東西──被愛和被關心，而他人的疏離也會刺激她陷入黑暗的漩渦中，讓她更深信她是不被愛的小孩，就在這無數次的惡性循環裡打轉，掙脫不出來。

蒙蔽在憤怒和恐懼之下，讓奶油完全看不見夥伴的支持和姊姊的陪伴。面對著這樣缺少愛的孩子，不是你一次、兩次的告訴她「你愛她」，就會有用；也不是你一天、兩天的陪伴她，就會好轉，你只能等待一個好時機，一旦信任重新

進入到她的內心裡，她才願意相信「她值得擁有姊姊和夥伴的愛」。

隊伍航行到第二週，奶油又開啟她的憤怒爆走模式，各種髒話和狂暴的語氣充斥在整層民宿，讓人不得安寧。

當天引發小辣椒憤怒的原因，是不爽「為什麼明明有這麼多女孩，姊姊卻獨獨要請她幫忙搬飲料上樓」，而自己乖乖把飲料搬上樓後，又因為把飲料重摔在地上，遭受志工姊姊車車指正她的態度：「妳為什麼把東西放得那麼重？」

那一刻，奶油累積不滿的情緒終於爆炸，車車只講了一

句話，小辣椒連珠砲似的發射了十幾句，而且每句話中間夾雜著各種難聽的髒話「×你娘」、「賤女人」……，她用高八度的吼叫聲，毫無邏輯宣洩著她所有的怒氣。

這樣的表達方式，讓原本想跟她理性溝通、好意提醒她的車車，也被搞到幾近抓狂，忍不住對她狂吼了回去，爭執的戰火就這樣延燒開來。

車車終於受不了，想停止這無謂的爭辯：「請妳離開，我不想再跟妳吵。」

奶油扭頭走回她的房間，嘴上仍不停止地謾罵，這就是她一貫的模式，一定要弄到全世界的人都知道她在不爽！

小辣椒終於冷靜下來。姊姊們和她一對一談話之後，她很清楚知道自己態度很壞，也覺得對車車很抱歉，於是決定隔天會去好好的跟車車和解。

但因為奶油在暴怒的過程中講了一大堆不得體的髒話，所以被處罰要跳完五百下青蛙跳，才能繼續完成接下來的航程，否則就要中途被退訓。奶油雖然有點不服氣，但這樣的處罰方式是在出發前就立下的公約，所以她只能摸摸鼻子接

受，甘願受罰。

　　隔天一早，受到颱風影響，休兵一天。大家忙著打包行李，隊伍準備開拔前往下一個民宿，這時候只見奶油趕緊把握空檔，在旁邊的空地上連續跳啊，跳啊，想趕快在大家出發前完成處罰。小辣椒蹲在地上青蛙跳，那幅畫面其實頗為有趣。

　　其餘的女孩們原先只是站在一旁做自己的事，冷眼看著奶油一遍又一遍地跳啊，跳啊，也許是一時出於好玩，也許是出於不忍心，女孩們突然走到她的身邊，跟奶油說了她從來沒預料過的話：「我們陪你一起跳吧！」然後，大家就輪流陪她跳完了五百下青蛙跳。

小辣椒一直以為所有的女孩都討厭她、排擠她，直到這一刻，她才終於親身感受到，她其實是被大家當成夥伴的一員，每個人都接受了她。

　　表面上，奶油沒有表現她內心的感動，但當天航海日誌上，她寫下了一句話：「謝謝大家，我愛大家。」這已是她最真實的情感流露。這一天，她確實明白了一件事，有一群人會無條件的陪她做原本她要獨自承受的處罰；她也開始願意為了這一群人，努力地讓自己變得更好。往更好的地方改變並非一蹴可及，但只要你願意了，好的改變一定會被大家看見。

　　奶油被處罰青蛙跳事件後，並沒有一下子就讓小辣椒變

成乖順的小綿羊，她還是一樣，一旦生氣起來就會轟炸到許多的人，但姊姊們一旁觀察，小辣椒已減少生氣的次數，她正在努力調整及收斂自己的脾氣。譬如，她與人溝通的時候，會專注的聽清楚別人話裡的含義，不像以前，立刻就暴跳如雷；她開始可以在不耐煩的聆聽完別人的碎碎念之後，回應道：「我知道你是因為愛我、為我好，所以才對我說這麼多……」

在獨木舟航行的大浪裡，姊姊們也看見奶油學會更多順服的功課。她會願意聽從教練的指令，願意去配合別人的划船步調，當往大浪裡直衝時，不再是狂吼亂叫，而是選擇努力向前划。奶油願意開放自己，去信任更多的人，她在跟不同女孩配搭雙人舟時，也能出現精采的表現。

女孩為自己每一天設定一個小目標，並在航海日誌上檢視自我。姊姊們發現，女孩們正向溝通表達的頻率提高了，面對衝突的勇氣增加了，負面情緒調整的速度變快了，這些都是生命航行的正面價值。

當五十四天的生命航行進入尾聲，小辣椒依然火爆，可

是夥伴的支持加上姊姊的關愛，她不但成功挑戰獨木舟環島，也慢慢的收起了傷人的刺，看見自己內心裡的柔軟。「人生嘛，就是一定要前進的，不可以遇到什麼事情就放棄，因為如果你說放棄的話，你就會一直在原地打轉，所以你要勇敢的去面對。」這是奶油在接受電視專訪時對著鏡頭說出的話。

受過創傷的經驗迫使女孩需要經過非常多次的被包容接納，才能一點一滴地累積信任的積分，當逐漸看見她們在風浪中的成長，從歇斯底里地尖叫到鎮定的自信表情，從飆罵髒話到唱詩歌頌，從抱怨到自制，從放棄到堅持，從依賴到承擔……。為此，雖然每一個認真的陪伴者都經歷被刺傷再修復的辛苦過程，付出的心血都值得。就像營長惠雯一樣，常常需要自我提醒，保有一顆憐憫的心，不要丟棄那起初的愛，去享受每一次單純的和女孩玩耍，去認真感受每一次付出代價的過程。

向日葵少女划行的時候，每天晚上教練團都會利用吃晚飯的時間召開會議，由張宗輝總教練報告隔天的浪況、最適當的下水點與上岸點、估計航程所需的時間、需要做哪些戒

護等等，大家很認真地討論著，深怕漏掉了什麼細節。

執行長威叔有感而發說了一句：「這真是上帝的恩典，我們居然能夠有這樣的團隊！」

這不僅是一場海上冒險，更是一場心靈冒險。環島中所發生精采的故事實在太多了，無法一一數算。上帝再度向他們應證了一件事——淚水後總是有醫治的彩虹。

|  |  |  |  |
|---|---|---|---|
| 啟航儀式 | 漁人碼頭→竹圍漁港航海紀實 | 追夢團隊特輯 奶油 | 富岡漁港→成功漁港 航海紀實 |

chapter 7

超級巨星與
神力女超人

# 什麼是勇敢？

「坦然面對心碎是一種勇敢；接受一無所有是一種勇敢；在絕望中堅持到底是一種勇敢；決定原諒自己也是一種勇敢。」曾經一人獨自縱走一千一百哩太平洋屋脊步道的雪兒 · 史翠德（Cheryl Strayed），在她的著作《那時候，我只剩下勇敢》（Wild: From Lost to Found on the Pacific Crest Trail）寫下這段話。

雪兒是一名從小在受暴家庭長大的年輕女孩，母親帶著他們三姊弟離開施暴的父親自立謀生，當相依為命的母親癌症過世之後，她頓失依據，失去方向，開始墮落，濫交、劈腿、吸毒，背叛最愛她的伴侶。在人生跌到最絕望的谷底時，雪兒揹起行囊，挑戰長途登山，足足走了三個月，途中經歷缺糧、缺水、遇到毒蛇猛獸等生存考驗，而且弄得渾身是傷。

雪兒帶著「豁出去」的決心，藉著這趟冒險遠征，重新整理自己破碎不堪的人生，不但有了截然不同的體悟，也找到繼續往下走的勇氣。

　　在向日葵少女團體中，一人一種個性。小靜與譓瀾很明顯不同於其她六名女孩，除了她們原本並不是安置在共生家園，而是自動報名加入向日葵少女獨木舟環島行動；而且，她們的資質很好，小靜國小時在校成績優異，譓瀾一直都是資優生。

　　對其他六名女孩而言，她們兩人像是外星人，分別得到一個封號，愛美至上的小靜是「超級巨星」，藝高膽大的譓瀾則是「神力女超人」。

先說說超級巨星小靜。

外表文文靜靜的小靜，是由就讀學校的校長轉介，因為小靜發生了一些行為脫序的狀況，包括深夜在外遊蕩、疑似偷竊等等，被法院裁定交付保護管束。校長提議給小靜一個「新的開始」，說服她報名參加向日葵家園的獨木舟環島計畫。由於小靜加入的時間較其他的女孩晚，所以她是在沒有接受完整獨木舟技巧行前訓練的情況下，就這樣跟著環島團隊，開始了五十四天的獨木舟環島之旅。

但這新的開始，的確不太容易，甚至與她十分注重自己的外在形象勝於一切的性格相斥，可說是一段完全超乎她預期的意外之旅。

剛開始待在團隊中的小靜，明明跟其他女孩的年紀相當，但行為模式上卻表現的更成熟穩重，在人群中安安靜靜的，並且總是把自己打理得妥妥當當，也常會一併照顧到其他的人的需要，不讓社工姊姊有特別擔心的地方。

更進一步了解了小靜的背景之後，才發現她所有的成熟，是因為家庭環境的使然，她是家中老大，還有兩個弟妹，母

親是外配，父親因為中風再加上發生車禍癱瘓，長期臥病在床，小靜年紀輕輕，卻要承擔很多家庭的責任和壓力，讓她很早就學會獨立自主和照顧他人。

小靜不太輕易表露自己的內心，但是當慣家中老大的性格，又習慣照顧他人，自然而然成為團隊中贏得女孩們信賴的「檯面下的領袖」，也讓她逐漸打破了自己是「外來者」的藩籬。

正值青春花樣年華的國中少女，難免會比較注重外表形象，在乎美醜，甚至以此決定她們對自我價值的判斷。姊姊們觀察，小靜的偶像包袱似乎特別重，而且好像有點過了頭，她的身高約一六〇公分，身材纖瘦，一頭長髮染成茶褐色，隨身都帶著梳子、防曬乳，即使天氣很熱，每天都是三十幾度的高

溫，但她仍堅持要放下長髮，覺得那樣比較好看，不肯像其他女孩一樣綁成馬尾。

然而，划獨木舟環島可是一趟紮紮實實的戶外冒險之旅，當然有很多機會要忍受風吹雨打、日曬雨淋，模樣變得狼狽不堪、皮膚愈變愈黑……，誰還會在意過程中表現出來的美醜，就是要夠狼狽，夠黑，不計形象，才能凸顯出冒險精神嘛，但這可真是完全超出小靜的舒適圈了。

在環島中，大家替小靜取了個外號叫「巨星」，她好像也不以為意，因為她真的太注重自己的外表了。譬如，她覺得穿防寒衣下水看起來很醜，所以她永遠都帶著大大的墨鏡，讓人認不得她；當女孩們一起玩一些扮鬼臉的遊戲，肯定沒有她；大家在太陽底下健走，就看她一人在奔跑，因為要趕緊找陰影躲太陽，在意形象到了一種令人又好氣又好笑的地步。

姊姊們分析解讀，小靜如此在意美醜，也許是一種保護傘，讓自己維持在一種美好的樣子裡，這樣就看不見她的自卑和她的不完美。

小靜第一次不計形象的大哭，是在輔導姊姊為她禱告的

時候，原本沒有信仰的她，內心的柔軟似乎很容易就被擁有基督信仰背景的環島團隊所觸動，尤其在上帝面前需要安靜的禱告和敬拜的時刻，小靜再也無法隱藏她情感豐沛的內心。

社工姊姊阮阮多次曾與小靜一對一輔導，學教育心理輔導的阮阮幫助小靜自我探索，這個聰明的女孩終於脫下了她很矜持的外衣，漸漸解開心中的結，說起一些羞於啟齒的過去，她甚至開始會跟女孩們一起搞怪扮鬼臉，一起在雨中狼狽的奔跑，也可以很自在、不計美醜的盡情划船。

在大海中划行獨木舟的每一天，小靜雖然偶爾想起從前的荒唐，或是對正臥病在床的爸爸和家中弟妹感到愧疚，而再度陷入自我懷疑，但她的確慢慢開始調整，相信自己一定可以變得不一樣，如她所願能有一個「新的開始」。

到了行程的中後段，小靜甚至接受了這個總令她感動落淚的上帝的愛，決志成為一名基督徒，用禱告和敬拜的力量，帶給自己改變的勇氣，繼續突破人生的風浪，成為一個更好的人。

環島結束了，小靜原本就不是向日葵家園女孩，也終究要

回到原本屬於她、並非一帆風順的生活中，但在環島冒險的過程裡，那些好的、壞的經驗、那些陪伴她的姊姊和女孩們，還有那個柔軟了她的信仰，已給予她更多的能量，讓她能繼續面對生活上的並不順遂。

志工車車為小靜寫下一段話：「親愛的小靜，要記得，惜別會上的嚎啕大哭、航行裡堅持的狼狽、與女孩們一起搞怪後的笑容，那些真實的情感，是超越妳外在的美醜，是妳自己最單純、最美好的樣式。」

至於神力女超人譓瀾，又是另一個截然不同的典型。

二〇一四年五月底，譓瀾媽媽在網路上看到都市人基金會招募少女划獨木舟的訊息，主動打電話到基金會詢問，

接電話的是惠雯，第一句話劈頭就問：「譴瀾成長過程中有沒有受創的經驗？」

媽媽一時接不上腔，解釋自己是單親媽媽，也想起譴瀾小時候曾因粗心打破碗，被父親罰跪在算盤上，也曾被父親用皮帶抽打，還有三、四歲時獨自被關在家裡不准她上學，家中電話線也被拔掉、切斷對外聯絡等等。結果，譴瀾被錄取了，成為向日葵少女獨木舟團隊的一員。

從外表看來，譴瀾的言談舉止一點都不像來自弱勢家庭的小孩。社工姊姊口中形容的譴瀾：多才多藝，反應靈敏，好學多問。她不但會彈三種樂器，還會講德文、法文、俄文。譴瀾高中沒畢業，卻靠著自修研習高雄空大課程，直接跳級

插班考進文藻外語大學進修部德文系二年級就讀。

年紀輕輕、才剛滿二十歲的譓瀾，曾參加過培訓的課程，包括：全國青年政策論壇、國際崇她獎、人權講師培訓、水源保育社區規畫培訓、女學生領導力、無動力帆船、SSI 潛水訓練等等，林林總總，多達三十餘項。她個人豐富的資歷不僅遠超過絕大多數同齡的女孩，甚至連很多大人都嘖嘖稱奇、甘拜下風。

譓瀾有一段極為特殊的成長背景，父母在她兩歲時離異，她的童年在台北、宜蘭、南投之間游移不定，高中時隨母親落腳定居高雄。十七歲那年，她被診斷出罹患重度憂鬱症合併亞斯伯格症，一旦發作起來，常有衝動想去尋死。高一下學期，學校要求學生繳交《生命教育》課程心得報告，譓瀾在報告上只寫了兩個字：等死。

譓瀾在學校的成績一向名列前茅，雖為資優生，但因為長期服用抗憂鬱藥物，導致整日昏睡，無法上課，高二被學校要求強制輔導轉學，只好被迫中輟在家。但譓瀾個性好強、不肯服輸，有段時間她出現幻聽、幻覺的情況很嚴重，「病識感」

很強的她，自知長期關在家裡會使病情惡化，一定要走出封閉的領域與外界多接觸。譓瀾在母親的協助下，開始自學，參與各式各樣的訓練課程，包括跳級註冊空中大學學程。

醫學臨床研究證實，參與戶外冒險活動可以刺激活化腦部神經，釋放腦啡，對於精神病患有正向提升與穩定情緒的治療作用。譓瀾就是一個活生生的例子，參加向日葵少女獨木舟環台讓她得到非常大的助益，堪稱是人生的一次大翻轉。

原本就熱衷學習、喜歡冒險、嘗試新鮮事物的譓瀾，因為年紀比其他女孩稍長，在環島之初，看起來總有點「特立獨行」。譬如，譓瀾回答姊姊的問題時，總是直接回說「沒有」、「不是」、「還好」等，簡潔有力，不多說廢話。

當其她女孩都因為長途航行累得哀哀叫，或是怠惰不想好好划船的時候，只有譓瀾從沒抱怨，總是堅持划到終點，絕不輕易休息。有一次令姊姊們印象很深，譓瀾即便自己身體很不舒服，但她緊咬著牙，非得把另一個暈船的女孩載回岸邊不可。

譓瀾很聰明，領悟力很快，因為曾受過無動力帆船與潛

水訓練，使她的體力和划獨木舟技巧也比其她女孩都來得更好，但是她總讓人感覺難以靠近，她的好強，甚至是逞強，讓她始終無法與其她的女孩或姊姊們建立起良好的關係。

有一次，由諮商心理師帶領女孩們做的團體遊戲，也充分顯示譓瀾的與眾不同。

那天大致的遊戲過程是這樣，諮商心理師發給每位女孩一個杯子，並且叮嚀大家：「妳們要假設這個杯子是妳生命裡最寶貴的東西，一定要想辦法好好保護它。」

然後，由諮商師扮演的惡魔開始用力搶奪少女們手中的杯子，其中有幾位女孩的寶物被搶走，開始無助地大哭，譓瀾卻一馬當先，衝上前一把抱住惡魔，抵死不肯讓自己的寶物被搶，甚至還去幫助其他的女孩，想要驅退阻止惡魔。

後來，扮演惡魔的諮商師改用花言巧言，誘騙大家交出寶物，女孩們幾乎都上當，譓瀾使出絕招，她趁著旁人不注意，偷偷換掉了寶物，拿了一個假的杯子藏在身上。遊戲結束的時候，諮商師要求大家交還杯子，只有譓瀾堅持不從，「妳如何證明這次不是玩陰的，不是想騙我們……。」一直

等到諮商師再三保證，譓瀾才交出假的杯子，全場都傻了眼。「即使只是玩遊戲，譓瀾都是拚命到了極點。」志工車車形容。

譓瀾很難相信別人，「獨善其身」也許是最適合她的代名詞，因為她只相信一項鐵律：一切靠自己才最可靠。但雙人獨木舟的航行，需要的並不只是良好的技巧和體力，更需要的是與同伴的相互合作支援和彼此的信任。這是譓瀾在環島之行必須學習最大的功課之一。

經過了一些時日相處，社工姊姊不斷的關心和一對一的談話，漸漸發現譓瀾獨善其身的原因，單親家庭裡長大的她，過往生命經驗裡與人建立關係的受傷和失落，早在這樣的環境中學會了看別人的臉色生活，造成譓瀾對於與她人建立關係上的恐懼，或者是厭惡，但她的內心深處其實渴望著一段長久而穩定的「愛的關係」。

因為害怕麻煩，也害怕受傷，所以她並未打算要在這「營隊式」的獨木舟環島過程中，留下些什麼，反正曲終，人會散，就斷得乾乾淨淨不也挺好。

　　這正是譓灡另一堂的生命教育，五十四天的環島，她經歷著從沒想過的「關係連結」，也許是因為姊姊們不厭其煩的關心，也許是因為女孩們快樂氛圍和互助的畫面感動了她，也許是因為她慢慢發現，在這個團體中，即便自己不是一個無所不能的超人，也可以被接納、被包容、被擁抱。

　　她一點一滴的放開自己，嘗試著去信任她人，接納自己的軟弱，也接受他人幫助。當環島到了後段，從不求救的譓灡，也學會了在自己撐不下去的時候，讓水上摩托車把她提前載回岸邊了。

　　志工姊姊從旁觀察，譓灡從超人蛻變為更容易親近的平凡人，比起從前像超人般不可親近的譓灡，多了幾絲「人味」，讓更多人願意主動去靠近關心、問候和陪伴她了。

　　喜歡也擅長唱歌的譓灡，開始在女孩群中成為了很棒的氣氛炒熱者，擁有著很多的忠實聽眾，總有粉絲一首又一首的點播歌曲，希望她唱給大家聽；在團體分享的時候，譓灡也開始願意更多的分享她自己，讓大家更認識她一些。

　　更奇特的事情是，隨著這些轉變接踵而來的，譓灡與家

人關係也有了不一樣的轉變。

譓瀾透露，長期以來，她和相依為命的母親其實關係相當緊張，譓瀾覺得媽媽一直否定她，「從小，我覺得她始終把我當成個『屁』，我做過的好事她絕口不提，親友們統統不知道，只知道我如何發飆，跟媽媽吵架、打架……」她渴望被肯定，所以才拚了命，要求好的表現。

其實，譓瀾的努力媽媽一直看在眼裡，也十分心疼。但譓瀾的病一旦發作起來，往往變得狂暴而且不可理喻，讓照顧者吃盡苦頭。

獨木舟航行之後，母女之間又重新看清了彼此的關係和需要，有天媽媽打電話來，親口說出：「妳是媽媽的驕傲。」譓瀾第一次在眾人面前淚崩不止。

就連許久不見、已另組家庭的爸爸，也帶著一家大小專程到宜蘭探望她。重新與家人關係的連結，這是譓瀾在這一趟旅程出發前，從來想都沒有想過的禮物。

譓瀾也沒有料到，她竟會成為在最後的惜別會上哭得最慘的女孩之一，在撼動的哭聲中，可以讓人深切的感覺到，

她有多珍惜與在意，這一群與她一起完成環島之旅的夥伴。

就像譓瀾在歸航的記者會上說出的心聲：「在這一次雙人獨木舟航行裡我發現，第一次，我的缺點可以被彌補，我的弱點可以被包容，可以褪下一直以來的超人外衣，跟人真正的『在一起』了。」

生命與生命間真實的相互碰撞和影響，才是這趟「生命航行」真正在意的事情，而不僅僅只是獨木舟環島而已。環島結束，會曲終人散，但人散了，關係還可以在，在進入下一個新的階段裡，不曾離開，因為彼此已是同舟共濟的夥伴。

環島歸來後，媽媽發現，譓瀾彷彿變了一個人，對媽媽

更有耐心，不會動不動就暴怒、發脾氣，「連走路的姿態和思考的方式都不一樣，真是太神奇了。」媽媽深覺不可思議。

譓瀾停止服用抗憂鬱藥物已有兩年，因為藥物會造成她昏睡不止、腸胃無法正常蠕動等後遺症，她目前靠意志力與運動來抗病，「承認自己有病，才會好好治病。」她語氣肯定說道。

譓瀾正在計畫趁著升上大三之前的暑假，到法國、德國打工旅行。此外，她決定要以個人抗病的經驗現身說法，到處宣導演講，幫助其他受苦的病人走出折磨，也讓社會大眾更加認識與正視憂鬱症，而不是把憂鬱症污名化，「上帝會幫我預備好需要做的事。」這次，這名勇敢的女孩交出來的生命報告，不再是尋死或等死，而是對人生信心滿滿。

chapter 8

兩個女孩
的戰爭

如果夠認識小雁，一定會明白她如果能完成獨木舟環島，真是一個大奇蹟。

小雁一向有情緒障礙問題，是很容易「爆炸」的女孩之一，社工姊姊們一直很擔心，小雁參與划行獨木舟，不知道哪一天可能會失控。

十四歲的小雁經歷流離不安的成長過程，從小就被迫離開原生家庭，進入育幼院生活，往後又轉換了好幾個住處，因為情緒困擾及精神狀態不穩定，反覆進出醫院多次，也因為慣性偷竊、衛生習慣很差及火爆脾氣等等，產生嚴重的人際社交困難。

小雁上了國中之後，完全無法適應學校生活，經常蹺課在外遊蕩，回到家園內也容易引起激烈衝突，是照顧者感到最頭痛的人物之一。

小雁平常最喜歡看漫畫、打鼓和吃雞排，其餘大部分活動或課程都很難吸引她，划獨木舟是難得能獲得她青睞的活動之一，雖然有些害怕，對自己感到擔心，但她仍選擇報名參加訓練，也通過了最基本的體能測驗，這是很棒的開始。

　　三月到六月環島預備期間，每天晚上的體能訓練及週末的戶外訓練，目的是培養女孩的自我管理能力，對小雁來說卻是最嚴厲的身心考驗。她常常在大家準備外出訓練時大發雷霆，因為她沒有為自己預備好適當的衣著，裝備經常搞丟或因為沒有清洗而發臭，一次一次超出規範，一次一次重新立約，陪伴者一次一次包容接納，等待生命改變需要付出極大的代價。

　　如不定時炸彈的情緒爆炸，依舊是小雁最大的阻礙。有一次，小雁在下水前因為沒有吃飽而拗起來，另一次則因為沒有挑選到喜歡顏色的獨木舟而大發飆，在岸邊對著教練狂吼叫囂。五月份的某個半夜，小雁選擇離家流浪在外吃雞排看漫畫，

終於累積到達家園無法再繼續容忍的地步，經過溝通協調，轉換至另一個地方生活，家園所有人也暫時獲得喘息的機會。

但離開家園不到一個月，小雁主動表達希望能繼續參與獨木舟環台計畫，於是，社工姊姊們又陷入了掙扎，希望給她機會，但也擔心超過負荷，幾經討論和連結資源後，決定讓小雁再一次加入這個冒險團隊。

團體生活對小雁是一個超級大考驗，當然，身旁的人也一同經歷這個嚴酷的挑戰，然而，最痛苦的經驗往往能鍛鍊一個人最深刻的成長。為了幫助小雁能順利在團隊中生活，環島志工瑄瑄挺身而出，願意專心照顧陪伴她，協助一切生活必須事項，包括洗衣、整裝、打包、飲食控制……

由於小雁不喜歡被叮嚀、被催促，幾乎每一天都有衝突發生，志工瑄瑄忍受小雁辱罵，一度想要放棄。雖然如此，小雁一點一滴學習「被愛和感恩」，唯有在「相信愛」的信任基礎上，才能繼續往上堆積成長的養分。

環島生活需要高度的自律能力，每一天的划行都要和內心的害怕、怠惰對抗，尤其是當全身肌肉疼痛不堪的時候，

很容易讓人變得軟弱，遲疑不前。

　　這是小雁必須面對的最大瓶頸，因為在同儕關係上嚴重挫折，大部分的女孩不想和小雁睡在一起，有些甚至對她發出嫌惡的言語。小雁其實很在乎關係，她通常會害怕地自行遠離團隊，再以「送禮物或服務」贏回暫時的友情，有時候她會感覺到被利用而傷心，然而，極度渴望被接納的驅力仍使她以最習慣的方式去行動。

　　在台灣西部的沿岸航行，會遇到許多人為的特殊地理條件，有時需要繞入蚵架迷陣中，有時撞上綿延不絕的訂製漁網，要學習更好的控船技巧。

　　獨木舟隊伍行進的第二週，炎熱酷曬的台灣夏日，遇上典型的西南風，真是吃足了苦頭。由於女孩們的體能和意志狀況還無法撐過約 30 公里的長程航行，救生橡皮艇發揮拖船功能，一路護送，女孩們坐在獨木舟裡卻不必划槳，讓隊伍的精神越來越渙散，大部分女孩甚至已經昏睡過去。

　　忽然間，感覺到一陣大幅晃動，驚醒發現自己竟然飄浮在空中，來不及尖叫的下一秒，瞬間連人帶船翻滾入海，浮出水面的女孩哭著衝上來，等到回過神來，發現船隻已經被浪打到沙洲上了。更慘的是，救生艇也難逃翻覆的命運，一艘艘獨木舟接二連三的翻滾進來，那個當下，隊伍都還搞不清楚到底發生了什麼事，但趕緊全力投入自救救人的行列，兩人一艘徒手人力拖行，將獨木舟拖過這片隱藏版沙洲。

　　拖行了一段距離之後，習慣耍賴的女孩趴在沙洲上不情願地喘息著，也有人為著翻船而失去的太陽眼鏡苦惱萬分。

　　那幾天海上的狀況，處在逆風逆流中航行，的確是一場嚴峻的馬拉松賽，女孩們碰到了身心極限，以不同的方式發洩著情緒，奶油歇斯底里狂罵髒話，也有人停槳狂哭，呈現

同船的柏融教練，總是耐著性子安撫及鼓勵小雁。

放棄狀態,巧克力一反常態進入自我無聲世界。

坐在獨木舟後座的社工姊姊們,被逼出極致的陪伴意志力,咬著牙奮力抵抗風浪往前划,同時還得聲嘶力竭地安撫和鼓勵情緒緊繃的女孩。

姊姊們擔心的果然沒有錯,小雁當下就上演了「海上全武行」。

在極度無助的憤怒中,小雁用力地把槳摔在座艙口上,一體成型且輕巧無比的碳纖維槳,應聲斷裂為二。她知道闖了大禍,在驚恐及絕望之於,乾脆把已斷了的槳用力往海上丟,接著爆出震耳欲聾的哭叫聲。

在大海中出現這樣的舉動,嚴格來說,無疑是一種「自殺」行為。不過,從另一個角度來看,此時此刻正是「冒險治療」介入的最佳時機。

姊姊並沒有責罵小雁,但更不能讓情況僵在原地,而是以忍耐和接納協助小雁冷靜下來,她們給了小雁一支備用槳繼續往前划,到達陸地後,在極度疲憊中,仍要大家坐下來一起面對這個難題。

　　小雁向全隊道歉，並且表達希望能繼續完成環島挑戰，為了讓女孩學習為自己的行為負責，姊姊一致決議給小雁一個任務，要她自行想辦法將摔斷的槳修理好。趁此黃金受教時刻，姊姊也和女孩分享討論關於「如何處理負面情緒」，期待正處於狂飆期的青春少女愈來愈成熟穩健。

　　小雁加入獨木舟環島隊伍，增加了許多與人正向互動的經驗，展現更多的喜樂積極和天真笑容，航行中她總愛追求第一名進港，在教練幫助下達成目標時看見難得的信心，日復一日太陽底下的長程划槳，真實地磨練小雁的意志力和情緒管理能力，這個女孩已能從大哭大叫到唱歌打氣，益發能掌握自我，也愈來愈信任教練及陪伴者。

　　受到颱風外圍環流影響，連續三天由於風浪過大，隊伍

善心的水電材料行老闆免費幫小雁修好船槳，小雁「以工代賑」幫老闆掃地。

只能選擇徒步前進。頂著酷熱的八月陽光，走在台灣東南部沿岸，是一場汗如雨下的馬拉松酷刑，每當遇到小小的陰涼遮蔽處，女孩們就會擠在一起，像是在沙漠裡遇見了綠洲一般，進行短暫休息，喝口水再繼續前行。

單純的徒步對少女來說實在是枯燥，為了增添徒步的豐富性，就在當中加入有趣的元素，例如撿拾創作、交換分享生命經驗、環境保護行動等等，讓徒步不只是徒步，給予它新的價值，彌補在海上難以面對面交心的缺憾，更拉近了彼此的距離。

在這個漫漫長路中，有些人選擇再痛苦也要堅持走到底，有些人則選擇中途坐上褓姆車休息，每個人都在學習為自己做決定，不受環境誘惑或旁人影響，並且為自己的選擇負責任，去承擔或享受產出的結果。

進入第六週，整個航程已經走完了三分之二，一切看起來漸入佳境，兩名女孩卻爆發了環島以來最嚴重的肢體衝突。

那天傍晚，大家都已回到住宿的旅館，為了洗澡順序，小雁不爽一直被小佳念，兩個人在樓梯間互嗆，你一言、我一語，愈吵愈大聲，小雁走路的時候身體橫衝直撞，無意間碰到小

佳，小佳不甘示弱，也立刻用身體頂了回去，於是，兩人開始相互激烈地拉扯頭髮，扭打成一團，一連串地狂飆髒話……

小雁與小佳在樓梯間大打出手，發出巨大的哀號聲，可把大家都嚇壞了，使全隊瞬間進入神經緊繃。惠雯、美儀立刻從房間衝了出去，經驗豐富的社工團隊馬上啟動危機突發事件處理，一人拉一個，有人迅速向前擋在兩人中間，有人保護並安撫其他受驚嚇的女孩，有人進行疏散並撤離危險因子，工作團隊試圖用最快的速度解除混亂局面。

營長惠雯把小雁留在原處，她歇斯底里地崩潰大哭，惠雯蹲坐身邊傾聽她哭喊的敘述，邊哭，邊罵，數落小佳的不是，但小雁也擔心因違反規定而被退訓，她的哭聲充滿恐懼與憤怒。

惠雯安撫小雁坐下，語氣平和地問道：「妳是不是覺得很倒楣？壓力很大？她們都在逼你去洗澡？」

小雁點頭，繼續哭泣。

惠雯又問她：「妳覺得在這個團體受到排擠，大家都不喜歡妳？發生這件事後，更沒有人要接納妳？」

她點頭，眼淚一直掉。

惠雯也刻意保持靜默，大約持續了三、五分鐘，等待小雁平復情緒。

看著小雁滿頭的汗水、滿臉的淚水，惠雯試圖扭轉情勢，「好，現在事情既然發生了，妳想怎麼面對？」

「我哪裡知道？」小雁猛力地搖搖頭。

「妳需要我怎麼幫忙？」惠雯追問。

小雁聳聳肩，依舊搖頭不語。

「這件事既然發生了，而且是在大家的面前，還是必須面對。」惠雯先做了一個簡單的結語，並要小雁去洗澡。

另一頭與小雁發生扭打的小佳，衝進房間後，竟以迅雷不及掩耳的速度，抓起旅館房間裡桌上的刮鬍刀割腕自殘，頓時血流如注，並歇斯底里地狂吼，目睹的女孩個個驚慌失措，呆立在一旁發抖大哭。

小佳過去曾屢次有自殘行為，她在家園的時間最久，行前訓練期間，只要是在踩不到底的海中或是遇上稍微大一點的風浪，小佳就會崩潰，實在是令工作團隊相當擔心，除了加強適應水裡的課程，更是不斷的鼓勵小佳，增強她的信心。

　　原本在環島的過程中，社工姊姊擔心怕水的小佳會挺不住，但她一路都撐過來了，表現得相當沈穩。沒想到這天和小雁大打出手，讓小佳連結到小時候受暴的經驗，好不容易和女孩們努力建立起的友誼，在驚嚇中遭到摧殘。她躲起來一個人抽搐哭泣，懷疑自己付出去的信任，也懷疑所做的選擇，以緘默不語來自我保護。

　　這天，簡直就像災難現場，整個事件考驗著工作團隊的危機處理能力，更考驗整個團隊的心臟強度，為了不影響女孩們的士氣及信任關係，大夥必須勇敢地一起面對。

　　第二天早上，隊伍按照既定行程出發，一整天風平浪靜。

　　第三天下午，女孩們划完行程，洗完澡後四點集合。

　　圍坐在小房間裡，營長惠雯率先發言：「這件事對大家都有影響，我們就在這裡一起來學習解決，如果再發生類似的衝突，妳們會如何處理，以及妳們對這件事的感受？」

　　惠雯要求女孩們拿出筆記本，寫下「如果未來再有類似的事情發生，我會……」，十分鐘後，每個人輪流表達真實的感受，並分別對小雁、小佳說出一段話。

有女孩對小雁說：「雖然妳和小佳打架，但我覺得妳很善良，很願意幫助人。」

也有女孩對小雁說：「我們不是討厭妳，我們很珍惜妳在團體裡，但受不了妳不洗澡，身上有臭味。」

女孩一個接一個給予小雁真誠的回饋，其中巧克力把握最後發言的機會，深吸一口氣，輕聲對小雁說：「我相信妳會愈來愈好……」

等到每個人都說完了，惠雯點名小佳發言，小佳開始述說自己的委屈。

惠雯再點名小雁發言，小雁流著淚主動表達歉意，她說渴望和每個女孩能好好相處……。小雁真實釋放她內心的煎熬，女孩們也重新接納了小雁，心中的恐懼獲得紓解，再次敞開心給彼此機會。

惠雯請女孩們拿出原先一起立下的公約，重新檢視哪些項目做得好，哪些做不好，再針對最後三分之一的航程共同擬出新的目標，女孩們當場用筆畫下堅持到底的決心和作為。

但惠雯認為，這件事仍未完全解決。

　　兩天後,隊伍到了宜蘭。

　　早上六點,全體人員在岸邊待命,選擇一個適當的下水時機。

　　小佳正好從惠雯旁邊經過,惠雯決定使出機會教育,趁勢攔住小佳,「妳現在原諒小雁了嗎?」

　　小佳被突如其來的問題愣住,「嗯,怎麼了?」

　　惠雯直截了當表明,「我記得那天下午分享,妳沒有向大家道歉?」

　　小佳的臉色沈了下來。

少女們拿出公約,重新檢視,當場畫下堅持到底的決心。

惠雯看著眼前這個女孩，想起在前一年的某一次訓練，小佳因為不服從教練指揮，差點被勒令退訓，嚎啕的哭聲幾乎傳遍整個微風運河。

「我覺得妳的心裡，現在有一股驕傲，因為妳認為：『錯都不在妳，都在小雁。』但妳在房間裡自殘，別人要替妳包紮換藥，每天還得擔心妳的傷口不能沾到海水，以免發炎惡化，妳給別人造成的麻煩，還有讓其他女孩受到的驚嚇，難道這些都不需要負責任嗎？還是妳認為都是應該的？」惠雯當場面質小佳。

小佳依舊沒有吭氣。

中午過後，小佳划完了上午的行程，主動來找惠雯，「Apple 姊，對不起，妳說得很對，我造成大家的麻煩，我也有錯。」

那天，小佳一一向每個人道了歉。

又一次，惠雯看到小佳的成長。隨著年齡漸長，小佳已不是當年那個動不動就坐在地上大哭、什麼事都害怕的女孩，眼前這位亭亭玉立的少女，這些年經歷了痛苦、掙扎、磨練

，漸趨穩定、茁壯，淬煉出不同當年的生命韌度。

環島過程中一次一次迎面挑戰海浪來襲，承受逆風逆流的嚴苛考驗，也經歷了恐懼、流淚、沮喪、掙扎，就是因為這樣的真實，惠雯終於看見小佳心裡漸漸長出強壯的肌肉，面對恐懼和衝突有了不一樣的反應。

「雙人獨木舟就是有這麼奇妙的力量！」惠雯深深體悟，每天在海上六、七小時的划行，的確是很好的反思過程，也可以給小佳足夠的時間去面對，「究竟是選擇原諒？還是繼續怨恨？」

每一天累積小小的突破，猶如成熟的種子正在發芽，一一

冒出來，也像風雨後的彩虹，令人感到喜樂安慰。環島行程結束前，小雁親手畫下每一張卡片，送給所有幫助她的人。環島結束後要回到一般生活和學校，前面的路看似挑戰重重，小雁已經跨出轉變的起始步，成長的步伐不斷地往前邁進。

惠雯覺得很感恩，也很幸福，人在大自然裡的確容易產生正向思考，不論是眼睛看到的或實際親身感受到的，眼神都變得比較溫柔感性，當一起面對大海與生死，每個人都是用感情在交流，而不再互相斤斤計較。

當然，淚水也不由自主的多了起來！

西部沿岸逆風逆流→航海紀實1

西部沿岸逆風逆流→航海紀實2

安平漁港進出浪區練習→航海紀實

富岡漁港→成功漁港航海紀實

追夢團隊特輯 小雁

chapter 9

# 大海教會
# 我們的事

「快完成了，快完成了。」這是每個人心中的呼喊，同時夾帶著濃濃的不捨。

這趟環島之行，不管認識或不認識的人，很多人聽到消息之後，一個告訴一個，有餐廳業者、民宿老闆、朋友的朋友……，爭相投入人力、物力。向日葵女孩每到一處，就有送飲料的、送便當的、招待免費住宿的，多得數不完。安麗希望工場基金會也動員兩百名志工來支援，有人幫忙宣傳造勢，有人則是跟著隊伍陪划。

　　將近兩個月沿著海岸的遷移生活，一群人每天一起航海、一起歌唱、一起吃喝拉撒睡，這是大夥從來沒有過的經驗，接近尾聲才驚覺時間過得如此快速。

　　獨木舟環台進入後半段航程，女孩們早已習慣每日的生活節奏，打包整裝的速度愈來愈快，在海上的體力和耐力也愈來愈勇，姊姊們也更加安心，放手讓她們獨自面對海上的考驗。

　　幾乎每個女孩在環島過程中都已不自覺的地改變。女孩們從一開始都要與姊姊們搭配，共划一艘獨木舟，由同划的

姊姊照顧。漸漸的，有的女孩就不需要姊姊同划，會去找其他的女孩一起划，看到姊姊身體不適，也會回過頭照顧姊姊。女孩由被照顧者變成照顧者，知道自己有能力照顧別人，慢慢的信心增強，自我肯定。

　　獨木舟環島期間，念瑾從小一起生活的外婆病世，面對至親的離開，念瑾一邊經歷冒險航行，一邊處理悲傷的情緒，即便她沒有說出口，眼尖的女孩們仍發現強裝微笑下的悲傷，主動給她關心和擁抱，「這就是生命陪伴動人的地方，我們以為是單方面的付出，但總是有一個機會讓我們深深體會，我們也同時被陪伴、也被給予。」

## 大海教會信任與放手

　　看見生命一點一滴的進展，是陪伴者最大的安慰，「這就是復原能力，女孩的能量一直持續往上加分。」念瑾想起航行第三十三天，在富岡漁港遇到三米大浪，女孩們熟練地穩住划槳，隨著海浪上下起伏，一艘艘安全歸港。當時，念瑾的心情十分激動，看著由她一路長期陪伴的小佳，進港時臉上掛著泰然自信的笑容，穩當地划著獨木舟回到港口，當教練詢問女孩們狀況的時候，小佳大喊：「很 ok 呀！」對照

念瑾的擔憂焦慮，頓時，念瑾覺得自己真是「蠢斃了」，證實這些擔心的確是多餘的。

回想起這一條漫漫長路，感謝神，念瑾也學到新的功課。小佳從在踩不到底的水中立刻崩潰大哭，遇到稍微大一點的風浪就陷入驚慌，進出浪區害怕會翻船……，一直到現在，即使面對三米大浪卻毫無懼色，念瑾看見這個女孩的生命被大大擴張，以前覺得辦不到的事情，現在卻成為她生命的力量和祝福。

隱隱中，念瑾察覺內心有一種複雜的失落感。她不僅要學習陪伴，也要學習信任與放手。在三米大浪的那天，她無

與小佳同船的念謹，總是為女孩擔憂著，但也是女孩最堅實的後盾。

法好好享受航行的樂趣，反而擔心在大海中的小佳是不是又崩潰大哭，是不是又陷入無限的恐懼而失去划船的分能……，有好多的想像在她的腦袋裡徘徊。

　　然而，過多的擔心影響了陪伴者划船的品質，應該適時的放手，相信她們，在這趟超強的冒險旅程中，大自然會教導、拉大她們的接受度和能力，不僅是划船技術，更在她們的心裡長出了肌肉，「原來陪伴、保護是一種愛，而放手、信任則是另外一種愛」念瑾得到更深沈的體悟。

　　從教導女孩們造舟、環島，總教練張宗輝始終都是站在

最前面負責領軍。女孩們堅強的生命力及不妥協的精神，也讓他受到觸動。這個年近六十歲的歐吉桑也學到一課，人不能活在自己的框架中，要勇敢堅持著信念，一步一步朝向目標，不論結果是否如預期，不要輕易說「我不會」、「我不能」，而是「先做了再說」。

張教練對於這群勞苦功高的姊姊更是佩服，不但要付出體力與耐力來陪划，還要隨時注意同船女孩的身心狀況與安全。其實，每一天的航行對姊姊們都是一大考驗，上岸後還有自己負責的行政工作，又得督促女孩們的功課、生活作息，更要替女孩緊張不安的情緒解惑。

# 大海產生療癒作用

　　教練團有一個共識，希望擴展女孩的划船焦點和學習目標，而不只是挑戰身心的極限，更不是以每天努力划到終點為目的，而是學習打開各種感官，享受與大自然的互動，在上帝的創造中培養感恩和欣賞萬物的生命態度。

　　女孩們開始邊划船邊專注於尋找海中生物，觀察力比較好的人不斷發現驚喜，興奮地大叫，色彩繽紛的水母，不知名的魚跳躍成群，大海蘊藏豐沛的生命力不僅增添划船的樂趣，也使人不得不敬畏造物主的奇妙智慧。

　　在航程中，張教練不忘叮嚀大家：「不要急著划到目的地，要放慢速度感受四周的自然生態，海洋變化，以及圍繞在身邊保護支援的人員，體會到自己是何其有幸，雖然在生命的過程受到波折，就把它當作一場磨練吧！」

　　這個平日的「省話一哥」現在話說得愈來愈多，「雖然大家都說要贏在起跑點，但我覺得人生這場競賽，徹底跑完全程比講求速度重要多了，當遇到考驗，即使失去了所有，

也不能喪失往前的勇氣，人生就像一塊一塊的拼圖，想要完成什麼圖型都由自己拼湊。」張教練字字珠璣，充滿令人省思的哲理

　　除了欣賞海洋生物，張教練也不忘提醒女孩抬起頭來，從海上望回陸地，台灣花東沿岸的壯麗飄渺，令人陶醉的家鄉竟然如此美麗，眼前如夢似幻的景色不是在澳洲、紐西蘭，也不是在歐洲、美國。此時，每一艘漂浮在海面上的小小獨木舟，裝載著一顆顆曾經受傷而緊鎖的心靈，正在接收大自然的神奇療癒。

## ｜大海教人學會原諒

　　還記得在航行的第二週，「小辣椒」奶油曾和志工車車發生激烈衝突嗎？

　　其實吵架的原因根本不值得一提，引爆點只是因為奶油把別人送來的物資重重的摔在地板上，車車語氣嚴肅的提醒，卻換來奶油無止盡的謾罵。車車聽得出來，奶油是因為一連串覺得不合理的事累積出來的情緒引爆。車車想跟她就事論事，卻激起她用更兇狠的話回應，就在這一來一往間，車車也被激怒到快控制不住了，只能用僅剩的一絲理智，冷冷的請小辣椒快點離開。

　　在小辣椒轉身走掉，但依舊竭盡所有的音量持續咒罵，突然有一個熟悉的畫面出現在車車腦海裡──一個國中女孩，雙手緊握著拳頭，雙眼怒瞪著眼前的父母，嘴裡不斷地咆哮和辯解，因著各種大小不同的事件，日復一日在家裡不斷上演著相同的爭吵戲碼，就跟剛剛在這房間中跟那女孩上演的火爆場面一模一樣。

車車曾經就是畫面裡那個國中女孩，渾身是刺，三不五時跟父母起衝突，因為沒有足夠成熟的心智去處理遇到的問題，包括課業上遇到的挫折、人際上遭遇的猜忌和排擠、在團體裡中的自我懷疑⋯⋯，「憤怒」是在那樣的年紀唯一能夠傳達內心苦悶的語言。唯一不同的是，現在角色對調了，從前那個只懂得用憤怒表達的國中女孩，已經長大成熟，懂得控制脾氣，不讓自己發飆到不可收拾。

苦悶也是因為好強，不想被任何人看到受傷的眼淚，在外面極盡忍耐，回到家中，父母的關心和問候會讓好強的她想卸下防備，好好的跟他們說說話，但又覺得說出自己不好的地方，就表示不夠厲害、不夠酷，所以依舊在忍耐，等到被問煩了，壓抑已久的情緒就像火山爆發，所有

的不滿、怨懟、委屈，一古腦兒地咆哮出來。

　　當然，對著父母抓狂，換來的絕對不可能是安慰，而是指責與怒氣，在這樣一來一往之下，親子關係惡化到幾乎無話可說，而碎裂的親子關係讓人更容易掉進「自己是不被愛的」、「自己是孤單的、沒人懂得」、「不被別人接納」的自憐大黑洞裡，自絕於世界之外，關在房間內抗拒溝通，不管父母如何努力進入，換來的只有更多激烈的情緒和言詞。每次吵完架，車車都會躲起來大哭，心都會空空的，無法被填滿，因為這真的不是她想要的相處模式，可是她就是無法跳脫這樣的循環。

　　車車一直以為這段回憶早已離她遠去，現在她跟家人的相處還算融洽，她的脾氣也不像青少年時期那麼暴烈無理。她很驚訝，為什麼和奶油吵完架，竟會如此清晰看見這個畫面？說也奇怪，這畫面反而讓她更能同理「這女孩總是用發脾氣來表達內心」，但有另一個更清晰的念頭閃進她的腦海：「我從來沒有為當時不當的情緒和頂撞，造成親子關係碎裂，好好向家人道歉！」

　　車車當下覺得慚愧，當她開始學會愛自己、原諒自己，也該學習負起責任，為過去錯誤的行為尋求原諒。但她陷入掙扎，事情都過這麼久了，現在才去說「對不起」，用如此真實的情感表達，反而是對愈親近的人愈難說出口。

　　她想起剛剛才和自己吵完架的奶油，她其實很希望跟這個女孩和解，為自己也用憤怒的言詞回應表示抱歉，「可是，我卻不願對父母做相同的事？」想到這裡，車車終於順服心裡的聲音，用簡訊傳送給父母，表達她對過去的行為的歉意，簡訊不長，但她知道他們會理解。

　　「我們一直都在等妳長大，現在好像看見了一些，親愛的孩子，我以妳為榮。」母親短短的回覆，字裡行間，卻讓車車久久不能自己，眼睛不禁濕潤了起來……。她終於明白了一件事，有時候那一句「對不起」所代表的並不僅是尋求原諒而已，更深沈的意義在於 ——「讓處在破裂關係的兩個人，能有機會碰觸到彼此柔軟的內心，學習看見和寬恕彼此的軟弱，讓『愛』有機會進入裂痕中修復。」

## 大海教會愛的榜樣

初出大學校門不久的車車，毛遂自薦來當獨木舟環島的志工，六月三十日才報到，東南西北還搞不清楚狀況，隔天就隨著隊伍出發。原本自認是「局外人」的車車，萬萬沒想到因為這趟冒險之旅，也學到了生命重要的功課，不僅原諒自己青少年時期的愚昧無知，更回頭與父母重新好好和解。

車車在營隊中的主要任務之一，就是每晚在女孩睡覺前錄音記錄她們每天的生活和感受，讓她有機會去聽見女孩們各自不同的生命故事。「雖然我們會吵架、鬥嘴，雖然我沒有很優秀，但是我知道無論如何她(姊姊)都超愛我的，我很謝謝她。」說出這句話的是經常掉進嚴重自我否定的小瑞，車車理解這段話能從這女孩的口中說出，背後所需付出的努力絕對超過她的想像。

「到底需要花上多少時間和精力，經歷過多少次被拒絕的挫折和看不見盡頭的等待，才會讓一個有被家暴經驗，覺得自己不被愛，存在這世界上是多餘的孩子，開始重新相信

人，與人建立深度的信任關係，甚至於感覺到被愛？」車車丟出這個嚴肅的問題，希望能找到滿意的答案。

　　五十四天和女孩們日夜相處，車車近身觀察，在這個群體裡，的確有一群姊姊願意付上愛的代價，來陪伴這一群受過傷的孩子們，即便女孩們經常亂嗆人、傷人，即便女孩經常忤逆人，即便女孩掉到自我否定時都不理人，即便姊姊其實也是人，也會被傷害，也會軟弱和無助，但是出於愛，仍然堅持選擇去擁抱這一群像極了刺蝟的女孩，而且這幾乎是

看不見盡頭的陪伴，根本不知道要到什麼時候，女孩們才會感覺到真正的「被愛」。

　　車車也不斷在女孩身上看見「過去的自己」，青少年時期叛逆的她，也是被「愛的陪伴」給拉回來的。一直到升上高中，那時候，她常去教會，在教會遇見了很好的小組長和輔導，常犧牲自己讀書的時間，每個禮拜騎著機車來幫忙輔導。車車不記得任何談話的內容，可是卻始終記得曾有過這樣的人，陪著她走過那段痛苦的歲月，陪著她更認識自己，面對內心的恐懼和軟弱，學會和其實一點也不完美的自己和

解之後，她開始嘗試用不一樣的方式表達自己，與父母的關係逐漸獲得了改善。

　　靠近和擁抱一個渾身是刺的人，需要極大的勇氣和決心，而且隨時可能會被刺傷。在環島的每一天，車車一再看見姊姊們靠近和陪伴受傷的靈魂，用實際的行動告訴這些女孩「我愛你」，做著和耶穌一樣的事情，陪著門徒，活出愛的榜樣。

　　生命裡能出現一個無條件陪著自己衝撞、成長，等著自己改變的角色，極可能就是影響一輩子的人，當女孩主動靠近姊姊們分享心事，當惜別會上這些平時口是心非說「討厭姊姊」、「絕對不要哭」的女孩們，最後卻一個個在姊姊懷裡哭得唏哩嘩啦，那是女孩們一種信任的證明。

　　但這些眼淚是用看不見的辛酸與不斷累積的陪伴，才得以換來，「如果你曾經陪伴過一個受了傷的靈魂，你就會懂，我又再度因著陪伴，懂得了生命航行的意義，這是一趟『讓生命更真實的影響生命』而選擇出發的航行。」車車寫下她最誠摯的省思。

　　她並由衷地感謝自己的父母，在那時選擇留下來和她爭

吵，讓她沒有真正被遺棄；她也謝謝那個在盛怒中的小辣椒，因為她正是一面很好的鏡子，讓車車有機會看到自己，「祝福妳有一天也能與自己和他人和解，不再用憤怒作為捍衛的武器。」她寫下這段文字。

最後，車車不忘回過頭謝謝自己，選擇勇敢面對，而沒有逃避上帝的提醒，有機會去經歷新的恩典；最感謝的則是上帝用十字架的「赦免」做了榜樣，讓她有機會去學習，並且重新去發現，在經歷「原諒」與「被原諒」的過程之後，帶著感恩的心去看待生命中的一切。

# 大海教會對生命的信念

二○一四年八月二十三日,清早,向日葵女孩照例整裝打包上車,出發前往下水點,女孩們的身體反射性地做著每一項預備動作,心裡卻知道這是最後一天的航行而多了絲絲緊張的氛圍。

這一天的終點是淡水漁人碼頭。淡水沿岸區域是她們平時經常出沒的範圍,環島前,女孩們每週在淡水河進行訓練,如今,再度划進淡水河,從海上往陸地看,卻是截然不同的心情。

隊伍愈來愈接近航行的目的地,真的有近鄉情怯的感受,

上百位志工手持向日葵,在淡水漁人碼頭迎接少女們。(照片提供/安麗希望工場慈善基金會)

一划過港嘴，就看見密密麻麻的人群站立在堤防邊準備迎接，手裡搖著向日葵花熱情吶喊，跟著船隊的行進一路加油歡呼，女孩們以歌聲回應表達感謝，海上、陸上交會，瞬間充滿了溫暖和感動。

比起五十四天前，女孩臉上的表情已完全不同，心中的感動也更深刻，看著岸邊滿滿徒步陪伴前行的人潮，內心愈來愈激動，船隊轉進終點站「觀潮廣場」，抬頭望見熟悉的家人、朋友、志工，大聲歡呼拍手迎接，這一刻，女孩們都激動的控制不住淚水，心中除了感恩，還是感恩。

安麗基金會的Sonia回想當天的情景，上午約莫十點，遠遠看見那群小小的身影一槳一槳地划進來，一直到她們集結在漁人碼頭前方，全體舉槳答謝，「那一刻，真是教人感動到鼻酸。」

八名女孩辦到了，完成划行一千兩百公里的壯舉，她們需要的不僅僅是「堅持到底」的毅力，更重要是對追求「美好生命」的信念永不放棄。

大海撫平了女孩的傷痕，產生了對抗逆境的勇氣。其實，

不管站在幕前還是幕後，有更多一起參與這場獨木舟冒險之旅的夥伴表示，他們從女孩身上也深深被激勵了，「人生實在沒有什麼好過不去的，比起她們的遭遇，我們的小傷小痛只不過是一個 OK 繃罷了！」安麗基金會的 Sonia 充滿感性的說。

（照片提供/安麗希望工場慈善基金會）

追夢團隊特輯　　航向終點前最後
張教練　　　　大回顧→航海紀實

chapter 10

返航之後

「這趟徒步之行，教會了妳什麼？」

著名的電視脫口秀主持人歐普拉，曾在節目中訪問單槍匹馬勇闖一千一百哩太平洋屋脊步道的雪兒・史翠德。

「接受。」雪兒心平氣和地回答，「我必須接受所有的事實，包括里數的事實、夏天的事實、人生的事實……」

雪兒在獨自長征的過程裡，雖然吃盡苦頭，但艱困的環境卻不斷激發她生存的潛能，更讓她的心靈獲得救贖，「我們全都會受苦，都會心碎，對會面對難題，它們是人生的一部份，我需要的不是逃避的藉口，而是面對的入口，光是體會到這項事實，對我就意義深遠。」她篤定說道。

雪兒的故事是很典型藉由荒野冒險展開自我療癒的例子。旅途中，她一層一層撥開自己，深入檢視內心，也一件一件丟掉行囊裡不需要的物品。很奇妙的事發生了，經過不斷地自我解構與重組，丟棄以往的自卑自憐，不僅讓她受創的身心做了大翻轉，也找到了活下去的意義。

雪兒走進世界的荒蕪，也走出了人生的荒蕪。十年後，她將這段經歷寫成一本書《那時候，我只剩下勇敢》

（Wild: From Lost To Found On The Pacific Crest Trail），
並被改拍成電影，由好萊塢著名演員瑞絲・薇斯朋（Reese
Witherspoon）擔綱演出。

　　沒錯，接受事實。包括自己的優點與弱點，曾經發生的
幸與不幸。雪兒曾經以為自己是世界上最倒楣、最悲慘的人，
當時痛苦萬分，但事過境遷之後，發現世界並不會塌下來，
地球照樣轉動。而且，總是會發現有人比自己更不幸，卻依
舊樂觀勇敢地活著。

　　「每個人都有傷痕，都需要療癒，所有的經驗都是生命
用來驅使你放下過去，如果沒有不幸和痛苦，就不會萌生力
量。」關於這點，歐普拉感受最深刻。

　　歐普拉用了大半輩子來療傷。她從一個鄉下貧窮女孩，
憑著奮鬥不懈，一躍成為美國家喻戶曉的電視名人，在光鮮
的背後，她有很長的時間刻意隱藏年幼被性侵、未婚懷孕的
秘密，害怕一旦被人們發現，立刻會遭到批判和唾棄。後來，
有一份八卦小報揭露了這個真相，新聞見報的那個週末，歐
普拉把自己關在房間裡，羞於見人，淚流不止，感覺她的世

界全都被毀了。

　　隔週一的早上，她拖著沈重疲乏的腳步上班，原以為會聽到排山倒海的負面輿論，或者有人指著她的鼻子大罵：「滾出去，妳這個壞女人！」出乎意料的，每個朋友、同事竟然都一如往常的對待她。

　　有些發生過的事，並非是自己的錯。而且，即使發生了，人生也並非如預期會走入絕境，而是轉個彎，又出現一條生機，翻過一個浪頭，後面總是會有風平浪靜。

　　「一旦說出祕密，原本禁錮的心就可以重獲自由。」歐普拉坦承，也就是從那時開始，她才能真正修復童年受傷的靈魂，她體會到每個人都要為自己的人生負責，怨天尤人解決不了問題，療傷是一生中最大的挑戰，也是最有價值的挑戰。她

發自內心給予最真誠的建議，「別停下來，一直往前走，全速前進。」

　　就像向日葵少女五十四天的獨木舟環島行動，那個率先發難要挑戰環島的奶茶，事後寫給自己的一段話：「妳的改變和勇敢活出的力量，讓別人都看見，不是有錢、有勢力、有家人才可以去做，而要讓弱小的人知道，自己雖然弱小，但只要跨出那一步，就可以證明自己是有價值的，而且是做得到的。」這段經歷深刻的告訴奶茶，即便沒有什麼顯赫的條件，在別人眼裡她也只是個小孩，但只要願意嘗試，並且堅持到底，沒有難以達成的事情。

獨木舟冒險之旅，除了體力的考驗，還有毅力的磨練，你相不相信自己堅持到底的毅力？你相不相信能做到自以為做不到的事情？當痛苦萬分，覺得划槳划到手快斷掉的時候，咬緊牙關撐下去，因為沒有半途而廢，才讓事情得到翻轉，如果「卡」在原地不動，接下來所有的事情根本就不會發生。

女孩划的不只是船，而是勇氣。從第一天到第五十四天的蛻變，女孩開始願意承擔更多，而不再只是關注自己，也懂得照顧身旁的夥伴，負起更多的責任。

獨木舟環台畫下句點的同時，女孩們為自己寫下了人生的新頁。女孩們說：「我們划的不是大海，而是夢想。」為了成就夢想而努力，生命就會展開不一樣的旅程，然後就會造就一個更好的自己。

環島歸來，曾有記者訪問策畫這項活動的營長惠雯，「這真是一個創舉，你們是如何組成全台第一支少女獨木舟環島隊伍的？」

惠雯其實不知道該怎麼回答這個問題，各種因緣際會與巧妙組合，已遠遠超過她的理性邏輯分析，「我們都不夠資

格來成就這件事，只能把它定義為神蹟了！」聽到惠雯這樣回答，記者一臉詫然。

環島結束已有一年，惠雯回想起來，仍不太敢相信究竟是怎麼完成的，因為什麼都不懂、什麼都不會，橡皮艇、水車、海防、潮汐、洋流……，沒有一件事她熟悉，也不知道從何著手。

那段時間，惠雯每天低聲下氣到處打電話求救，或者沮喪得獨自躲起來流淚。除了張宗輝教練舉手贊成，很多獨木舟教練、選手都唱衰這個計畫，「就憑妳們這群女生要帶這批弱不禁風的女孩去環台？根本不可能！」直到隊伍出發了，連開車的司機都沒有，但總是不斷有奇蹟發生，問題都能一一迎刃而解。而且，就連老天爺也很幫忙，途中雖然遇到颱風，只是擦身而過，全隊毫髮無傷。

惠雯明白了一個道理，很多事都是自己嚇自己，內心的恐懼比實際的危險更大，「當你真心想做一件事，全世界都會來幫你。」惠雯露出燦爛的笑容，但她不會因此而自豪自滿，心中充滿謙卑與感恩。

陪划的志工阮阮也深有同感，她在環台的任務是和女孩「一搭一」划舟，阮阮划獨木舟的經驗不多，其實自己也怕得要死，尤其對翻船非常恐懼。每趟划行，張教練不管她們是否準備好了沒有，就把她們一艘一艘地推出去。

第二週划到台南安平，正好有個電視節目《臺灣行腳》來拍片，但那天海上的浪太高，隊伍沒出海，改在漁港內進出，浪高仍有兩公尺。阮阮十分猶豫，下水前她已預設到各種可能，翻船、骨折、撞到頭、嗆水……，在她前面翻了一艘，但也過了一艘，她和小靜排在第三艘，果不其然，浪直

直撲過來，阮阮驚慌得失去划槳的能力，完全無法控制施力，船身翻倒，她和小靜掉入水裡，膝蓋被狠狠撞擊，一時之間，她竟然不知身在何處，直到岸上的夥伴衝過來把她們撈起。

往後的航程，隊伍遇到數不清大大小小的風浪，阮阮至少在海裡翻倒過七、八次，身上有不少擦撞的瘀青。航行中，她不斷看到自己的膽怯，也接受了自己的懦弱，雖然還是害怕翻倒，但她知道終究還是會繼續執起船槳，完成全部的航程。更重要的是，直到今天，她還是好好活著。

阮阮回顧過去二十幾年的生命，從小到大她都是乖學生，挫折忍受度很低，只要功課作業沒寫完，書沒念好，就會讓她焦慮不安，而且害怕犯錯，除非有十足的把握，才願意出手。環台歸來，她清楚看到自己走出舒適圈，變得比較放得開，「犯錯沒什麼大不了，頂多就是重來一次。」

這群團隊無論是女孩、姊姊、教練、志工，幾乎每個人都是第一次經驗，每天都有不同的狀況發生，每個人都從解決問題中成長，團隊也經由一次又一次的磨合，愈走愈凝聚，愈自在。

　　有一名從事挑戰極限的戶外領導員說過，「冒險，不見得是接近死亡，而是如何勇敢的活下來。」女孩藉著冒險行動，更深一層認清自己，並不如想像那麼差、那麼弱、那麼壞。事實上，每一個人都比自己想像的更強壯，更勇敢。

　　在向日葵少女獨木舟環台之前，都市人基金會副執行長朱芩跟著女孩先去了一趟綠島。當時，朱芩和克威已領養了兩個小孩，照顧的責任不輕，而且朱芩會暈船，但她堅持一定要去綠島划獨木舟，「我想要跟大海和好。」朱芩說出背後的原因。十七歲那年，她的父親意外喪生於大海，讓她潛意識對大海感到厭惡，有很長的時間對大海十分排斥。

　　綠島之行雖然只有短短兩天，挑戰度不輕，划到樓門岩的時候，教練要求每一艘船要划過岩洞，當天的浪約二‧五公尺高，從正前方迎面撲來，看起來十分嚇人，朱芩也察覺到自己的恐懼，跟她划同一艘獨木舟的是小晴。

　　在最前面打頭陣的教練輕鬆地划過去了，跟在後面的第二艘卻被浪打翻了，人員落水，幸好身上穿了救生衣，平安無礙。

　　朱芩和小晴排在第三艘，小晴突然停下手中的槳，愣在

原地，驚慌得不知道該怎麼辦。

「不要管浪了。」朱芩坐在後面拉高嗓門大喊，「來，我們繼續往前划，一、二、一、二⋯⋯⋯！」

小晴跟著指令，奮力埋頭划槳，又是一次神奇的事發生了，她們居然平安越過了那個浪頭。

朱芩得到一個寶貴的經驗，「保持前行的速度感，這是克服恐懼有效的方式之一。」一旦全神貫注在手中的槳，只專注在當下的事，一時之間便忘記了前方的艱難，並且順利衝過了障礙。

如今，朱芩有一個內在機制，每次自覺「卡」在快走不下去的時候，就會自動跳出她和女孩在大海中一起划槳的畫面。因為嘗試與大海和好，朱芩在綠島划行的過程中，不但成功越過了海浪，也讓傷口得到療癒，重新得到力量。

很多時候，就是因為我們放不下過去，一直沈溺在傷痛裡，不甘心遭受命運不公平的對待，結果就把自己綑綁在受傷的靈魂裡，動彈不得。一旦與過去和解，這個魔咒彷彿就自動解除，再也不必受它的控制。

認清自己，就更有力量。

還記得那個專程從台中來當志工的車車，獨木舟活動結束後返家，她竟然成為大學同學、老師心目中的「女英雄」，一致讚揚她「完成不可能的任務」、「真的很酷」。反倒是車車覺得困惑不已，「我只是去幫忙而已，划獨木舟的又不是我，活動也不是我策畫的，有什麼好值得炫耀？」

車車認為自己可以做得更多，獨木舟環台她不過是個微不足道的小角色。但一年後再回頭看這件事，嗯，發現的確不簡單，因為並不是每個人都會像她一樣去做這件事。

當時，她剛從大學畢業，別的同學忙著找工作、考研究所、

參加高普考，都在為前途打算，她卻不務正業一頭栽進來，她想花一些時間弄清楚人生的方向，而不是盲目跟著社會價值起舞，「反正銀行裡還有二十萬的存款，至少夠我撐好幾個月。」

獨木舟環台結束，車車回到台中，安安分分找了一份工作，在安親班擔任輔導老師，但仍利用每個週末假日北上，在共生家園擔任志工。她還在摸索試探人生的下一步該如何走，是不是也像其他的同學「選擇進入大企業」、「領比較高的薪水」、「一步一步往上爬升」，她需要想得更清楚，「一旦更認識自己，就會更有力量。」她語氣篤定說道。

那麼，車車的二十萬存款，大概花得差不多吧？

「居然一毛錢也沒花掉，原封不動。」她得意地哈哈大笑。

故事發展到這裡，還沒說完。

女孩似乎意猶未盡，二〇一五年夏天，都市人基金會提出「向日葵少女偏鄉服務培力計畫」，姊姊們將帶著女孩再接再厲，到台東蘭嶼學習服務，並示範教導當地弱勢兒童、青少年划獨木舟，很多山區的部落小孩從來沒看過獨木舟，也沒拿過船槳。正式提案前，惠雯與念瑾再次拿出拚搏精神，

來回演練了十幾遍，這個提案得到第二屆「安麗希望工場逐夢計畫」評審一致認可，在網路票選也得到第一。

完成環台之旅，女孩及姊姊經常受邀到各級機關、學校分享這段冒險經歷，女孩們站在講台上，真情流露。聽眾更是聽的入神，也被激勵。自此，女孩的角色「從被幫助者」轉為「送出祝福的人」，她們掙脫長久以來自卑自憐的情結，手心不再向上求人，終於也有能力「給」出去了。

這個世界上到處都有不幸的人。當歐普拉的事業如日中天，她沒有被名利沖昏了頭，而是把關愛延伸到南非，出資四千萬美元在一個小鎮「克勒普河畔亨利」（Henley on Klip）創設了「歐普拉‧芙芮女子領袖中學」（Oprah Winfrey Leadership Academy for Girls），幫助和她一樣童年飽受貧困、凌辱和精神創傷的學生，不僅要讓她們唸完中學、大學，還要培養她們成為南非未來的領袖人物。

「我這一生犯下最大的錯誤，都源自於把自己的力量拱手讓給別人，以為別人必須給我愛，比我必須給自己愛還重要。」歐普拉在著作《關於人生，我確實知道》（What I Know For

Sure）親筆寫下這段告白，「我在等待上帝的同時，上帝也在等待我，祂在等我作出決定，我是要追求注定屬於我的人生，還是要讓現在的生活扼殺我的生命？單是此刻我的存在就已經很好了，無須仰賴他人，我自己就綽綽有餘了！」

真的，妳要相信自己辦得到，再破碎的人生，只要願意，都能改變，一旦有夢想，並且放手行動，一切都變得有可能。「最重要的是付諸行動，不論面對的是什麼，都要義無反顧地撐下去。」雪兒‧史翠德分享她的經驗，她與歐普拉都在各自的領域裡持續發揮影響力，雪兒的作品被評選為西北太平洋地區作家年度十大圖書之一，歐普拉則以慈善家的身分廣受民眾愛戴。

向日葵女孩也是。向日葵雖然體型微小，生命力卻非常強韌，而且總是指向太陽升起的地方。二〇一五年四月十九日，女孩們進入台北市內湖一間錄音室，攜手與「台灣音樂教母」黃韻玲錄製一首《活出不一樣的生命》，這是由素人詞曲作者林佳慧寫詞，著名音樂製作人鍾興民編曲，合力完成的作品。向日葵女孩一路受到很多人的幫助，為了鼓舞更

多身心受創女孩，她們決定把「希望」與「愛」繼續散播下去。

　　女孩們每次公開亮相，因為大都有媒體攝影機拍攝，為了要保護她們的身分，女孩都得被迫戴上面具遮住臉孔。總有一天，她們可以扯掉面具，重獲自由，回來做真正的自己。樂聲響起，歌詞緩緩從她們口中唱出：

　海浪 洶湧 打不破我們的夢

　過往的痛如巨浪襲來 將我打入水中

　身邊 有你 伸手扶持給我勇氣

　愛的擁抱 信心的微笑

　牽引我走出黑暗 入光明

　我們就要活出不一樣的生命

　忘記背後的傷痛朝夢想標竿直跑

　我們就要活出不一樣的生命

　向這世界證明 愛能醫治憂傷的心

　不管生命經歷多少風雨寒霜的襲擊

　我相信有你的愛

　烏雲將要散去

　天空會放晴

生命就像是聽一首讓人回味無窮的歌，總是一遍又一遍的反覆傳唱。

　　生命，未完，待續。

| 少女獨木舟 | 【民視異言堂】 | 活出不一樣的 |
| 偏鄉服務培力計畫 | 航向起點・舟轉人生 | 生命 MV |

著名的音樂製作人鍾興民為女孩編曲錄音。

祝福

讓破土之前的黑暗 成為擁抱陽光的力量

　　一群成長路上崎嶇的少女們,在都市人基金會長期的關懷及陪伴下,共同組成全台第一支獨木舟環島隊伍,她們以雙手划槳方式完成 48 小時 1200 公里的海上環島挑戰,過程中歡笑與淚水參雜,沒有人輕言放棄,在他們身上,我見識到生命的耀眼光芒,從黑暗的泥土底下,卻能探頭長成一株對著陽光輕吐芬芳的向日葵。

　　翻閱《那些大海教我的事》,一幅幅動人的故事躍然眼前。這是一本關於勇氣與美麗的書,都市人基金會運用冒險體驗,讓這一群在成長過程中曾經遭受家庭暴力的少女們,重拾面對苦難的勇氣,在這些向日葵少女的旅程中,從造舟、繪舟、訓練、到環島,我們看著她們一步步踏實完成夢想,從滿身傷痕到自我肯定,這也印證了唯有經過真實的風浪,

才能擁有乘風破浪的能力。

　　我們非常榮幸能參與都市人基金會的支持計畫，就像家樂福一直秉持堅守承諾（committed）、用心關懷（caring）、正面積極（positive）的三大核心價值，我們不只與其他企業夥伴一起支持少女們環島冒險的夢想，同時也開展了晚餐計畫，讓她們生活無虞，並且利用學期制的接軌課程，聘請專業師資投入少女們的技職訓練，讓少女們跨出自立的第一步。

　　我衷心祝福這群堅韌又美麗的孩子，都能擁有一個灑滿陽光的未來，同時也期許更多企業夥伴能一同投入支持，讓臺灣的土地開出更多美好的向日葵。

家樂福文教基金會執行長　吳柏毅

# 感謝

2013年夏天，都市人基金會帶著受虐少女們用獨木舟環綠島！
2014年夏天，少女們用獨木舟完成環台的創舉！
2015年夏天，少女們決心要赴蘭嶼，教偏鄉的孩子用獨木舟環家鄉的島！

這三年，少女們從「被照顧者」變成「照顧者」，這一路上受到太多人的幫助，才得以完成這不可能的任務！這些天使，不求回報的給予我們許多有形無形的支持。他們有的是過去的志工、有的是成員的親友、更有些是僅有一面之緣的地方民眾…，如：書中免費幫小雁修好船槳的水電行材料行老闆。因為有你們，我們才有辦法順利完成目標，女孩的生命也才有改變的契機。在此無法一一列名感謝，敬請見諒，但你們為我們所做的一切，已經在少女心中埋下「助人」的種子，我們會一直銘記在心。祝福每一位默默為我們付出的天使。

指導單位：教育部體育署／新北市政府／淡水區公所／花蓮市公所／宜蘭縣政府／台東縣政府／台中市政府／台南市政府／屏東縣政府。

合辦單位：台灣運動獨木舟帆船協會。

協辦單位：安麗希望工場慈善基金會。

贊助單位：公益信託俊霖社會慈善基金會／中華汽車工業股份有限公司／台灣一起夢想公益協會／聚紡股份有限公司／TRAVELER旅行者／財團法人感恩社會福利基金會／KEEN台灣公司／DUMUN台灣黑熊／財團法人台北市志玲姊姊慈善基金會／華樂國際Farida吉他／中國國際商業銀行文教基金會／花蓮縣婦女成長關懷協會／台北市松山運動中心／寬頻極緻Villa／蘭城晶英酒店／財團法人家樂福文教基金會／玉成游泳池／果核音樂。

水上教練與戒護：張宗輝、黃柏融、朱榮興、朱俊杰、陳慧媛、余筱偉、曹軒愷、劉克文、劉樹斌、吳建興。

陸上支援：許明得、陳冠傑、林正、朱效章、廖庭儀、鄭婷瑄、陳緣綺、吳俊嫻、林尚麟。

**都市人基金會副執行長 朱芩**

# 那些大海教我們的事：

## 54天，1200公里，8位女孩的獨木舟冒險之旅

作　者／王梅

出版統籌／朱芩（都市人基金會）
紀錄整理／謝惠雯、周念瑾、廖庭儀
美術編輯／申朗創意
責任編輯／洪寧

總 編 輯／賈俊國
副總編輯／蘇士尹
行銷企畫／張莉滎、廖可筠

發 行 人／何飛鵬
出　　　版／布克文化出版事業部
　　　　　　台北市中山區民生東路二段141號8樓
　　　　　　電話：(02)2500-7008　傳真：(02)2502-7676
　　　　　　Email：sbooker.service@cite.com.tw
發　　　行／英屬蓋曼群島商家庭傳媒股份有限公司城邦分公司
　　　　　　台北市中山區民生東路二段141號2樓
　　　　　　書虫客服服務專線：(02)2500-7718；2500-7719
　　　　　　24小時傳真專線：(02)2500-1990；2500-1991
　　　　　　劃撥帳號：19863813；戶名：書虫股份有限公司
　　　　　　讀者服務信箱：service@readingclub.com.tw
香港發行所／城邦（香港）出版集團有限公司
　　　　　　香港灣仔駱克道193號東超商業中心1樓
　　　　　　電話：+852-2508-6231　　傳真：+852-2578-9337
　　　　　　Email：hkcite@biznetvigator.com
馬新發行所／城邦（馬新）出版集團 Cit　(M) Sdn. Bhd.
　　　　　　41, Jalan Radin Anum, Bandar Baru Sri Petaling,
　　　　　　57000 Kuala Lumpur, Malaysia
　　　　　　電話：+603- 9057-8822　　傳真：+603- 9057-6622
　　　　　　Email：cite@cite.com.my
印　　　刷／卡樂彩色製版印刷有限公司
初　　　版／2015年（民104）07月
售　　　價／280元

城邦讀書花園　　布克文化
www.cite.com.tw　WWW.SBOOKER.COM.TW